DIVÓRCIO, DISSOLUÇÃO E FRAUDE NA PARTILHA DE BENS

Simulações Empresariais e Societárias

O GEN | Grupo Editorial Nacional – maior plataforma editorial brasileira no segmento científico, técnico e profissional – publica conteúdos nas áreas de concursos, ciências jurídicas, humanas, exatas, da saúde e sociais aplicadas, além de prover serviços direcionados à educação continuada.

As editoras que integram o GEN, das mais respeitadas no mercado editorial, construíram catálogos inigualáveis, com obras decisivas para a formação acadêmica e o aperfeiçoamento de várias gerações de profissionais e estudantes, tendo se tornado sinônimo de qualidade e seriedade.

A missão do GEN e dos núcleos de conteúdo que o compõem é prover a melhor informação científica e distribuí-la de maneira flexível e conveniente, a preços justos, gerando benefícios e servindo a autores, docentes, livreiros, funcionários, colaboradores e acionistas.

Nosso comportamento ético incondicional e nossa responsabilidade social e ambiental são reforçados pela natureza educacional de nossa atividade e dão sustentabilidade ao crescimento contínuo e à rentabilidade do grupo.

Gladston Mamede
Eduarda Cotta Mamede

DIVÓRCIO, DISSOLUÇÃO E FRAUDE NA PARTILHA DE BENS

Simulações Empresariais e Societárias

5ª edição revista e atualizada

- O autor deste livro e a editora empenharam seus melhores esforços para assegurar que as informações e os procedimentos apresentados no texto estejam em acordo com os padrões aceitos à época da publicação, e todos os dados foram atualizados pelo autor até a data de fechamento do livro. Entretanto, tendo em conta a evolução das ciências, as atualizações legislativas, as mudanças regulamentares governamentais e o constante fluxo de novas informações sobre os temas que constam do livro, recomendamos enfaticamente que os leitores consultem sempre outras fontes fidedignas, de modo a se certificarem de que as informações contidas no texto estão corretas e de que não houve alterações nas recomendações ou na legislação regulamentadora.

- Fechamento desta edição: 20.09.2021

- O Autor e a editora se empenharam para citar adequadamente e dar o devido crédito a todos os detentores de direitos autorais de qualquer material utilizado neste livro, dispondo-se a possíveis acertos posteriores caso, inadvertida e involuntariamente, a identificação de algum deles tenha sido omitida.

- **Atendimento ao cliente: (11) 5080-0751 | faleconosco@grupogen.com.br**

- Direitos exclusivos para a língua portuguesa
  Copyright © 2022 by
  Editora Atlas Ltda.
  Uma editora integrante do GEN | Grupo Editorial Nacional
  Al. Arapoema, 659, sala 05, Tamboré
  Barueri – SP – 06460-080
  www.grupogen.com.br

- Reservados todos os direitos. É proibida a duplicação ou reprodução deste volume, no todo ou em parte, em quaisquer formas ou por quaisquer meios (eletrônico, mecânico, gravação, fotocópia, distribuição pela Internet ou outros), sem permissão, por escrito, da Editora Atlas Ltda.

- Capa: Aurélio Corrêa

- **CIP – BRASIL. CATALOGAÇÃO NA FONTE.**
  SINDICATO NACIONAL DOS EDITORES DE LIVROS, RJ.

M231d
Mamede, Gladston

Divórcio, dissolução e fraude na partilha de bens: simulações empresariais e societárias/Gladston Mamede, Eduarda Cotta Mamede. – 5. ed. – Barueri [SP]: Atlas, 2022.

Inclui bibliografia e índice
ISBN 978-65-59-77100-4

1. Divórcio – Legislação – Brasil. 2. Separação (Direito) – Brasil. 3. Partilha de bens matrimoniais - Brasil. 4. Fraude – Brasil. I. Mamede, Eduarda Cotta. II. Título. III. Série.

21-73322 CDU: 347.627.2(81)

Camila Donis Hartmann – Bibliotecária – CRB-7/6472

Aos nossos pais,
Antônio e Elma Mamede,
José Geraldo e Atair Cotta

E aos nossos filhos,
Filipe, Roberta e Fernanda.

Deus os abençoe.

Nota dos Autores

Foi assim que se passou.

Não seria uma noite especial, mas uma dessas – mais uma dessas – tão comuns que se fundem numa massa sem forma própria: a história incontável de cada um de nós. Não reparou? Esse amontoado de instantes rapidamente esquecidos a que chamamos de vida. Há fatos que não se esquecem: são lembrados e contados e recontados. Mas são ilhas num mar amorfo de instantes comezinhos. A vida se narra aos outros pelas passagens marcantes, ou seja, uma grande mentira: não são eles, mas o ordinário, a consumir segundos, minutos, horas, dias. Um viver que não é mais do que o consumo do tempo no trabalho ou ócio dos dias: a amorfia desinteressante do comum.

Era para ser uma noite comum. Infelizmente, não foi. Isso ficou claro tão logo ele chegou. Não veio o mesmo, mas arranhava: áspero, ácido, curto, seco. Como se não fosse ele ou trouxesse o corpo tomado por um espírito ou entidade obscura. Algo lhe disse, fundo n'alma, que era melhor não provocar. Sentiu uma vontade inexplicável de se encolher. Haveria de passar. Logo, o incômodo se assentava e ele viria contar o que era. Então, com jeitinho, ela arrumaria um jeito que acolher o problema e, enfim, dividir o peso, encontrar saídas. Assim, disse o mínimo que podia, ouvindo um quase nada de resposta. Pensou num agrado: um filé alto passado em caçarola grossa e bem quente, miolo vermelho, casca tostada: sal e pimenta-do-reino. Ela gostaria daquilo, purê de batatas com azeite e não manteiga, sal e noz-moscada, alguma salada. Pegaria um vinho de mais corpo e logo à noite ganharia bons trilhos. Descascava as batatas quando ele voltou, copo de uísque nas mãos, sem gelo ou soda.

– Vou fazer um filé alto e purê de batatas. Que tal um vinho encorpado?

– Não está vendo que estou no uísque?

– Ah! Não vi... eu tinha pensado...

– Não viu? Um copo desse tamanho, cheio até o talo, e você não viu? Ou não quer ver? Sabe? Esse é o problema. Você não quer ver. Você nunca quer ver. Prefere tocar a vida como se ela fosse o que você quer acreditar que é. Mas não é, está bem.

– Opa! Calma! O que houve? Não tem motivo para isso, não.

– Não tem? Não tem? Pois vou lhe dizer uma coisa: tenho 30 anos de motivos... 30 anos. E já não estou dando conta, mais. Todos os problemas da minha vida se resumem a duas sílabas: você.

Disse e saiu pisando pesado. Ela ainda tentava se situar quando ouviu a porta se bater e ser trancada por fora. Correu atrás; não conseguiu alcançar. O que estava acontecendo? O que tinha sido aquilo? Repassou a cena, repassou os últimos dias, desfilou perguntas, mas só conseguiu juntar outras dúvidas e angústia e, enfim, o medo e, um par de horas depois, desespero. Ficou sem entender nada. Nada. Estática, esperava pela explicação. Nada. O mundo despencou abruptamente, sem conceder justificativa. Mais parecia o carro que, vindo sabe lá Deus de onde, nos colhe no caminho da calçada, joga para o alto, machuca. Repetiu ligações telefônicas que ele não atendeu. O pior dos mundos. Ela e o abandono da casa vazia. Sem esclarecimentos. Chorava o que não compreendia, sem se situar, sem ter o direito a uma referência mínima que fosse. E nesse purgatório dormiu e acordou e dormiu e acordou.

Já se iam além de 30 anos, ao mérito da exatidão. Um namorico besta que começou numa festa de igreja. O grupo de jovens estava reunido e ele se engraçou para o lado dela. Estava no terceiro ano, pensando em vestibular, ele no primeiro ano de engenharia. Foi arrastando a asa para o seu lado, mas ela vendeu caro o beijo. Qual era mesmo a música que estava tocando? Por anos ela tentou se lembrar da música e não conseguiu. Nunca se perdoou por isso. Fez de difícil, embora quisesse o beijo. Mas ele furtou enquanto ela prestava atenção na música. E foi bom. E houve mais alguns, ainda que ela achasse que seria um troço de festinha, não mais. Mas foi indo. Ele foi avançando e ela gostando daquilo. Até que veio a gravidez.

Aborta, não aborta. Sou contra, mas... agora... Também sou contra, mas... Casaram-se sem nem saber porquê. Os pais dela queriam, a mãe dele concordava, o pai não. Isso. Deram sorte de se acertar. Se fosse filha sua, hoje, falava para não casar: tenha o filho, pense nisso depois. E olha que, hoje, casar e separar é bem fácil. Naquele tempo era uma complicação danada. No que deu isso: uma sociedade de dificuldades em que a gana de viver, comum aos dois, fez o casamento. Não foi o juiz de paz ou o sacerdote a casá-los, mas a lida diária: fortaleceram-se nas dificuldades, assumindo-se como construtores de economias e realizadores de sonhos. Faziam projetos, realizavam sonhos. Essa é a história de uma família que, sim, começou com dois jovens que deixavam o altar com olhos assustados: casados. Diacho! O que tinha acontecido? Não se zomba de uma vida construída com tanto esforço. Não eram milionários, mas tinham juntado uma bela fortuna juntos. Construíram-se como casal. E bem.

Vá lá saber o que se passa nas almas e corações das pessoas. Difícil. Não vou lhes enganar: terminou assim, numa noite que não era para ser especial, mas se fez desgraçada. Quando o dia tomou rumo, ainda sem conseguir falar com ele, mas já tendo notícia de outros, ela aprendeu a verdade: sem nada lhe advertir, ela a meteu em meio a uma cena ridícula de folhetim. Aquilo tinha sido o fim de um casamento. Sem título, sem rótulo, ela contracenou um término mal explicado. Minto: ele encenou; não lhe deram script ou ensaio. Na trama do fim de um casamento, ela foi expectadora e vítima. Ela viveu; ele representou. Tudo calculado, embora autêntico: confessou a verdade de seu desamor, seu desinteresse, sua opção por ir, por deixar. Não teve caráter sequer para esclarecer o que estava fazendo. Não assumiu. Não enunciou. Fez uma ceninha que, por certo, atendeu às próprias demandas. No dia seguinte, os recados chegaram, as indiretas fizeram-se compreender.

Foi assim que ela descobriu que nunca o conheceu. E chamaram-se de cônjuges por décadas: aqueles que conjugam, que se somam.

Não havia alternativa que não fosse colher os cacos de si mesma. Morrer? Não. Seria dar a ele um valor que revelou não ter. Definhar? O precipício estava ali, bem ao lado, mas cair seria um vexame. Seria dar-lhe razões para se achar o único brigadeiro do prato de docinhos que se levou da festa. Melhor tomar coragem para reviver do que alimentar o ego desse tipo de animal peçonhento. Melhor recolher os cacos de si mesma e sair colando os pedaços, remendando os retalhos. Reviver. Por quê? Morrera? Não. Recomeçar? Uau! Começar novamente. Assim tão tarde? Agora?

Entrementes, tomou coragem para reviver. Pegar sua parte de uma vida em comum e construir uma vida própria. Nunca é tarde, diziam. Ouvia agradecida, embora machucada. Odiava aquilo: as palavras de consolo e encorajamento. Odiava porque percebia a pena dos outros e isso lhe recordava que ela própria vivia num dó de si mesma que não era digno. Ter piedade de si é viver ecos sombrios de aflição calada, multiplicando as próprias dores, apimentando-as. É mais que apodrecer: é sentir o cheiro da própria carne apodrecida. Isso é ter dó de si mesmo.

Já firmava as pernas quando o advogado lhe chamou ao escritório.

– Tivemos, ontem, uma reunião com os advogados de seu ex-marido e, pelo que disseram, não há mais do que dívidas a partilhar.

– Como? – ela pergunta assustada. Deve haver um engano. Não somos milionários, é claro; mas vivemos uma situação muito boa. Somos ricos.

– O que nos apresentaram foi um cenário bem diverso. O seu ex-marido foi se desfazendo de participações societárias nos últimos anos e, mais do que isso, o patrimônio restante está vinculado a dívidas, financiamentos, execuções judiciais. A proposta é que a senhora fique apenas com o apartamento que, por ser bem de família, não seria penhorado.

– E vou pagar o condomínio como? Eu coloquei minha vida nessas empresas. Tem dinheiro meu no capital que foi investido. Cheguei a trabalhar de secretária, de balconista. Não foi ele quem construiu o patrimônio! Fomos nós.

– A senhora tem razão e a lei está ao seu lado. O problema é: o que nos foi apresentado – e aqui estão as cópias de todos os documentos que nos apresentaram – a senhora tem direito à metade de uma dívida.

– Isso não está certo. Não está certo.

Ela se cala. O olhar se desalenta. Olha ao redor querendo se reconhecer em algum canto, mas não há referências seguras. Um soluço rouba-lhe a respiração, estanca o ar, afoga-lhe no seco até que, sem conseguir se conter, desmorona-se em choro convulsivo. Uma vontade de morrer, uma vontade de matar, uma vontade de não existir. Por sorte, seres humanos não têm um mecanismo de pronto-aniquilamento: um botão vermelho, um interruptor: ela teria desligado. Abortar-se-ia para não ter que seguir enfrentando ataques e mais ataques. O que mais viria? Como seria amanhã? Semana que vem? Haveria um outro ano?

– Eu não tenho nada? Nada?

– Calma… por favor… a senhora quer um copo d'água?

– Eu não tenho como pagar sua água, doutor. Não tenho como pagar a sua conta. Não tenho como pagar meu supermercado. Eu tinha tudo, até um marido. Não tenho nada, agora. Nada. Eu não terei como comer, doutor.

– Calma. Eu preciso que a senhora tenha calma e me ouça. Nós estamos estudando esses documentos. Nós estamos estudando tudo o que se passou. Achamos que o seu marido embolou a linha para criar um novelo repleto de nós. Fez isso para passar a senhora para trás. Em termos técnicos, uma fraude à partilha ou fraude à meação. Mas não está tudo perdido.

– Não?

– Creia em mim: não está tudo perdido. O novelo que se embolou, uma mão paciente desenrola. O ilícito que se prova, o Judiciário pode corrigir. Não será fácil, vou lhe dizer: há uma luta enorme adiante. Mas é o tipo de luta de que gosto: lutar por justiça, lutar pelo que é certo. A senhora pode ter certeza: nós vamos atrás. Eu lhe prometo que todo esse escritório se empenhará na sua defesa. Nós não a deixaremos desamparada. Há meios para descobrir o que se fez. Há meios para se desfazer.

– Ah! meu bom Deus, eu queria tanto acreditar no senhor.

– Não estou lhe prometendo que venceremos. Estou lhe garantindo que vamos lutar com todas as nossas forças. Isso eu lhe juro. Já estamos estudando, já estamos investigando. Nós não vamos esmorecer; vamos lutar.

– Doutor, e não haverá um dia, pelo resto de minha vida, que não pedirei a Deus que lhes pague. Isso eu lhe juro. O senhor pode não levar a sério, porém sei que anjos são as mãos amigas que Deus nos estende quando já não há motivos para ter esperança.

Como é que ela nunca percebeu isso? Não havia música quando ele a beijou. Agora ela se lembra nitidamente: o Marcelo estava falando alguma coisa ao microfone. Falava sobre o resultado desastroso do festival de sorvete, que o grupo organizara para arrecadar dinheiro para a caridade. Isso. O Marcelo estava propondo um jeito de cobrirem ao menos o déficit quando, inadvertidamente, ela se deixou beijar. Sem música. Nenhuma música. Que loucura! Por anos ela supôs o que nunca existiu e, sim, por isso não lembrava que canção era. Não era.

– Todos neste escritório se empenharam para entregar à senhora o que é da senhora. São em casos como esse que a gente paga à nossa juventude a empolgação de ter cursado Direito. Casos em que advogados, representantes do Ministério Público e juízes podem realizar a arte do bom e do justo e, assim, dar a cada um o que é seu.

Está no táxi de volta para casa. Vai com alguma esperança e ainda está impressionada: nunca existiu uma canção de amor; ainda; ela está em algum lugar no futuro. Uma música por ouvir, uma história verdadeira por começar. Um beijo que não mais será furtado, mas se comungará como a ponte que ambos constroem para unir dois mundos. E o 14 Bis canta no rádio do carro:

> *Mas é claro que o sol vai voltar amanhã*
> *Mais uma vez, eu sei*
> *Escuridão já vi pior, de endoidecer gente sã*
> *Espera que o sol já vem.*[1]

---

1 *Mais uma vez* (Renato Russo, Flávio Venturini), gravada pela Banda 14 Bis para o álbum *Sete* (1987).

Sumário

1 Meu bem, meus bens.. 1

    1 Fraude: desafio jurídico e social 1

    2 Patrimônio.. 7

    3 Direito privado: civil e empresarial 11

    4 Empresa 14

    5 Fraude patrimonial entre cônjuges e conviventes............ 17

2 Empresário casado 21

    1 Empresário 21

    2 Capital... 24

    3 Casamento 26

    4 Administração do patrimônio empresarial 29

    5 Interdição.. 30

    6 Falecimento 34

3 Sociedades 37

    1 Sociedades simples e empresárias 37

    2 Registro 41

        2.1 Atos constitutivos.. 44

        2.2 Anulabilidade ou nulidade do registro..................... 46

    3 Sociedades contratuais 49

3.1	Contrato social	51
3.2	Pactos em separado	53
4	Sociedades estatutárias	55
4.1	Estatuto social	57
4.2	Acordo de acionistas	58

4 O casamento e o direito societário ... 61

1	Cônjuge sócio de outrem	61
2	Interdição do sócio casado	63
3	Morte do sócio casado	67
4	Morte do cônjuge do sócio	71
5	Sociedade entre cônjuges	73
6	Conflitos entre cônjuges sócios	76

5 Escrituração contábil da atividade negocial ... 79

1	Escrituração contábil	79
1.1	Requisitos extrínsecos da escrituração contábil	81
1.2	Requisitos intrínsecos da escrituração contábil	83
2	Livro diário	84
3	Valor probante da contabilidade	86
4	Exibição da escrituração contábil	88

6 Partilha da empresa ou da participação societária ... 93

1	Valor patrimonial de quotas e ações	93
2	Comunhão de quotas e ações	97
3	Fraude contra terceiros	100
4	Partilha de quotas ou ações	102
5	Sobrepartilha	107

7 Participação societária partilhada ... 111

1	Jurisdição familiar *versus* empresarial	111
2	Liquidação de quotas	115

3	Referências de valoração	118
4	Sociedades anônimas familiares	120
5	Planejamento societário	122

8 Fraudes contábeis 127

1	Manipulação contábil	127
2	Omissão ou manipulação de transações	130
3	Apropriação de bens do ativo circulante	132
4	Fraudes com ativos realizáveis a longo prazo e com investimentos	134
5	Fraudes com ativo imobilizado	136
6	Simulação de perdas e despesas	139

9 Fraudes administrativas 141

1	Administração societária	141
2	Esvaziamento do patrimônio societário	145
3	Operações fictícias	149
3.1	Aluguel de CNPJ	151
4	Empresa-espelho	153
5	Intervenção na empresa	155

10 Fraudes societárias 159

1	Estrutura e tipos societários	159
2	Alienação de quotas e ações antes da separação	161
3	Alienação de quotas e ações durante o processo de separação	165
4	Cisão fraudulenta da sociedade	169
5	Confusão de personalidade e patrimônio	171
6	*Offshore companies*	176

Bibliografia 179

1

Meu bem, meus bens

1 Fraude: desafio jurídico e social

O advogado lhe pediu algo em torno de um ano: que suportasse a esposa e escondesse seu envolvimento com a jovem sueca por cerca de ano, com sorte um pouco menos. Isso daria tempo para que ele constituísse uma pessoa jurídica no exterior: uma offshore. Seria uma sociedade anônima. Outros a criariam e, então, o controle lhe seria transferido fora do registro, o que não daria margem para ser identificado como sendo o controlador. O que fariam depois seria simples: a companhia estrangeira assumiria o controle das empresas no Brasil. Como? Bastaria simular a venda de quotas, ações ou bens. Assim, ele continuaria sendo o dono, mas oculto: não a partir do Brasil, mas do exterior. Quando enfim se divorciasse, nada daquilo iria estar disponível para a partilha. De quebra, ainda daria para se livrar de dívidas trabalhistas e fiscais, se quisesse. Ele seria um pobre no Brasil, embora continuasse dono de tudo, embora a partir do exterior.

Há quem veja o direito – suas normas e princípios – como o caminho a seguir: dever de cidadão em sociedade. Há quem o veja como o caminho a ser transgredido, desafio a ser vencido por desrespeito direto ou por ardil, simulação, engodo. E, infelizmente, há mesmo um tipo intermediário que não se interessa muito pelo aspecto humano das relações jurídicas: empatia pelo drama alheio é fraqueza aos olhos de muitos, é vício de coração que não deveria afetar a quem deve fazer o que deve fazer, usando as regras em seu favor e de seus contratantes. Tudo isso é humano e, para muitos, denunciá-lo chega às raias do piegas.

Muitos sonham com a possibilidade de dever e não ter que pagar, nem ser obrigado a fazê-lo com a penhora e leilão judicial dos bens. Para outros, isso é um pesadelo moral. Os que não se avexam, divertem-se imaginando ex-cônjuges ou ex-conviventes em dificuldades, sofrendo a separação. Gente que não se enrubesce com o ilícito e pode mesmo se entusiasmar com a cena de credores enfurecidos, amassando títulos que foram protestados em vão, mas que jamais lhes traduzirá um centavo do que lhes é devido. É um sonho almejado pelo qual pagariam caro. Ops! Nós dissemos pagar? Perdoem-nos: não é muito adequado, no contexto. Um sonho almejado pelo qual investiriam muito. Assim fica melhor.

Começa assim um livro que se esforça por narrar fraudes, sabendo que, por trás delas, constroem-se dramas pessoais e familiares. Um livro que começa por assumir que seu tema é tão ingrato que não poderá ser exaurido: sempre há um jeito novo de fraudar. Esse é um ambiente de criatividade assustadora. Mais do que isso, um livro que, já na nota dos autores, principia por simpatizar-se com a inquietude dos injustiçados, na mesma proporção em que recusa a frialdade desumanizadora das equações que enriquecem uns em prejuízo de outros. Sim, Flávio Venturini e Renato Russo tinham razão: *tem gente que machuca os outros*.[1]

O pior é que o primeiro tipo de ser humano, os que padecem de honestidade e boa-fé, olha para a realidade na suposição de que o outro, aquele ao seu lado, revela a mesma natureza: gente que se esforça para, no dia a dia, construir honestamente a vida, vivendo o Estado democrático de direito no cumprimento dos deveres e na fruição dos direitos. A gente se projeta em quem parece ser igual, ser dos nossos, e apenas se assusta com as diferenças, no que há muito a investigar por outras áreas do conhecimento. Aqui, importa observar e atentar para o segundo tipo, os que encaram a realidade pela perspectiva da má-fé, vale dizer, com olhar

---

1 *Mais uma vez* (Renato Russo, Flávio Venturini), gravada pela Banda 14 Bis para o álbum *Sete* (1987): "Tem gente que machuca os outros/ Tem gente que não sabe amar/ Tem gente enganando a gente/ Veja a nossa vida como está".

de rapina: um espaço em que o outro é uma vítima em potencial, alguém a ser abatido. Não são poucos os que levam a egocentria ao extremo da ação imoral, avançando pelo ato ilícito civil, podendo chegar ao crime.

Eis o pano de fundo deste livro: uma comoção sincera pelos desafios em que os cidadãos podem ser lançados pelo pecado da confiança. E confiar em quem se ama. Isso, num universo em que o comum das pessoas tem uma postura ética em relação ao direito: balizas jurídicas devem ser respeitadas. Mas há quem não se avexe de não pensar ou agir assim. Há quem tenha ética de cifras, ética de butim: a virtude é conseguir mais e mais, não importa como. Uma ética plutomaníaca. E ela é nefasta para o tecido social, pois é doentia. É a psiquiatria quem o ensina: a plutomania é uma doença da psique: uma psicopatologia.

Sim: as penitenciárias testemunham a nosso favor quando o afirmamos. Os arquivos judiciários, abarrotados de sentenças penais transitadas em julgado, por igual. A necessidade de corporações policiais, por igual. É fácil compreender a que nos referimos quando se pensa *na bandidagem*, *na marginalidade* e termos afins. O problema, contudo, vai além das identificações fáceis proporcionadas pelos estereótipos. O olhar e o bote do oportunismo antijurídico não são estranhos a ambientes como a empresa (entre sócios, entre fornecedor e consumidor – e vice-versa –, entre empregador e trabalhador – e, uma vez mais, vice-versa), a academia, os grupos de amigos, a família.

Este livro não é mais do que uma grande crônica sobre algumas possibilidades. Não mais que algumas possibilidades. Oxalá pudéssemos denunciar todos os golpes e dar solução para todos os clamores. É uma denúncia: muitos encaram as normas jurídicas como meros detalhes na sua ambição de auferir mais e mais vantagens pessoais, tenham ou não direito a tais benefícios. Gente que não se avexa em agir ilicitamente, seja de forma direta – o ilícito puro –, seja dissimuladamente: o engodo, a fraude, a simulação. Para esses, importa ganhar, não importa como. E são muitos. E o uso de mecanismos interdisciplinares, nomeadamente figuras próprias do direito empresarial, tem servido a isso, infelizmente.

Pior é saber que iremos trabalhar no contexto de situações tristes, havidas e por haver no universo dos casais e das famílias, ou seja, construídas sobre os escombros do que um dia se erigiu com essa matéria-prima, a partir da qual bibliotecas inteiras de poesia amorosa se construiu. Como é corriqueiro este dito aqui, nas Minas Gerais: *no começo, era meu bem pra cá, meu bem pra lá. Depois, vira tudo uma questão de meus bens.* Do amor à propriedade, do amar ao apropriar-se. Na marcha inexorável do tempo, as pessoas se alteram, cambiam. Mário de Andrade é genial (perdoem-nos o truísmo) quando lembra que "o que se chama vulgarmente personalidade é um complexo e não um completo".[2] Uma denúncia crua e perfeita do que somos nós ou, para os que preferem o conforto psicológico da exculpação: uma denúncia do que são os outros.

Não importa se eu, tu, ele ou eles. Falamos das caliças do amor e da família. O que foi cumplicidade e companheirismo, o que foi a convivência carinhosa dos dias, a *paz compacta* de "seres tão unidos, tão apoiados um no outro, tão Báucis e Filamão",[3] felizes, torna-se aversão, ressentimento, mesquinharia e litígio.

O pior é que isso pode acontecer individualmente e apesar do contexto conjugal. Não é incomum. Acaba para um, não acaba para outro. Muda para um, não muda para outro. E esse outro torna-se uma vítima em potencial: para ele, ainda é a vida de casal e/ou de família a que se votou.[4] Assim, os que foram cônjuges até então, tornam-se predador e vítima. Um horror. Montam-se situações horrorosas em que o convívio se mantém apenas para ambientar o golpe.

– É meu, é meu. Vai ver... ah se não vai! Não ficará com nada... com nada.

E é preciso reagir a tais situações porque a missão do direito é dar a cada um o que é seu (*suum cuique tribuere*), como lição já tão antiga de Ulpiano e que se amolda como uma luva ao esforço deste livro: *honeste vivere, alterum non laedere, suum cuique tribuere.* Viver honestamente, não lesar a outrem, dar a cada um o que lhe é devido. Começa assim este

---

2   ANDRADE, Mário de. *Amar, verbo intransitivo*: idílio. 11. ed. Belo Horizonte: Itatiaia, 1984. p. 80. Começamos bem, vê? Começamos citando Mário de Andrade.

3   *Ibidem*, p. 83. "Isso é viver? A felicidade é tão oposta à vida que, estando nela, a gente esquece que vive. Depois quando acaba, dure pouco, dure muito, fica apenas aquela impressão do segundo" (*ibidem*, p. 90-91).

4   "Mas não tem dúvida: isto da vida continuar igualzinha, embora nova e diversa, é um mal", provoca Mário de Andrade. Será? Ele insiste: "É preciso exclamar pra que a realidade não canse..." (*ibidem*, p. 54). Mas, percebeu? Não exclamou, mas *reticenciou*. Ah! A hermenêutica!

livro, querendo ser um auxílio para aqueles que desejam sair do inferno dos engodos. Começa por denunciar a matriz dos enganos: as dualidades de como as pessoas encaram o direito, como o veem, e como se relacionam com as normas e com os outros.

Eis por que insistimos: há um desafio de olhar, uma questão de perspectiva, que deve ser considerada nestes sítios. Antes de mais nada, o contraste óbvio entre a compreensão pura do direito – que é teórica – e sua compreensão prática. A disciplina, que é tão suave na análise teórica permitindo a construção de mundo ideal em cada manual doutrinário, ganha outro aspecto na história concreta dos dias: engruvinha-se. Nem simpática, nem antipática, mas humana e, por isso, eticamente mal-acabada e impactada por paixões e vícios.

A grande dificuldade que se enfrenta nos sítios que estudaremos é convencer o aparelho judiciário de que há razões que justificam – que *vale a pena* – esforçar-se na instrução em busca do que pode estar escondido pelas aparências. Aceitar os indícios como indicativos de que talvez os fatos não estejam conformes e, consequentemente, é possível que o litígio (e os direitos em jogo) padeçam de um embaralhamento ardiloso: *o-que-efetivamente-é* pretendendo aparentar-se como *o-que-deveria-ser*. E o fraudador é exatamente alguém que conta com a benevolência dos que, sendo atores de comportamentos lícitos, não lhe compreenderão como agente ilícito que é.

Na raiz dessa equação, está essa diversidade ética a que nos referimos na abertura deste capítulo. Voltamos àquela toada: há formas e formas de encarar a realidade jurídica. Basta pensar no largo hiato entre as perspectivas de um humilde cidadão analfabeto e, na ponta inversa, aquele que votou sua vida à academia do direito, acumulando páginas e livros aos milhares, pródigo em estudos aprofundados de sua teoria. Dois polos aleatórios para que fique claro o óbvio: o olhar jurídico diverge, senão de pessoa para pessoa (acredito), de grupos sociais a grupos sociais. Portanto, a melhor análise, para não dizer a melhor postura, é aquela que considera essas distinções de olhar, de perspectiva, para o fenômeno jurídico. Não estamos vendo a mesma coisa, mas nos inserimos em mundos diversos: o jurista consagrado vê uma coisa, o cidadão humilde vê outra.

Este, porém, não é um estudo sobre abismos sociais e intelectuais. Então, propomos um outro par antagônico, também comum, ordinário:

multiplica-se pelo mundo há milênios: aqueles que encaram a realidade jurídica como um espaço para cumprir regras – *as leis, o direito, a justiça* – e aqueles que encaram princípios e normas jurídicas (constitucionais e legais) como um espaço cheio de balizas que devem ser utilizadas para se aferir vantagens, não importa se lícitas ou se ilícitas: importa ganhar, importa tirar vantagem. Há mesmo os que acham que é mais prazeroso se a vantagem é indevida. Passar os outros para trás dá um prazer todo especial para alguns. E há nisso um adjetivo jurídico.

Os que fazem de conta que é tudo a mesma coisa, que todos os seres humanos têm o mesmo olhar e perspectiva e relação com a estrutura (ou estrato) jurídica(o), a denúncia do *trapaceiro* mais parece um apelo à picuinha. A denúncia do engodo *é tomada* – ou é possível que *seja tomada* – como o choramingo de *mau perdedor* ou, noutras palavras, resmungos de quem quer o que não tem direito. E com essa resistência contam os (e as) trapincolas: ninguém lhe vai dar ouvidos, ninguém acreditará. A trapaça se assenta sobre a aposta de que, tolos, estarão todos de cócoras enquanto seu autor caminha altivo para longe dali. E a pomba incrédula de muitos que, por causas múltiplas, recusam-se ao menos a investigar dá gravidade e solenidade a essa tragédia.

– Que besteira! É claro que não houve nada. É apenas o inconformismo de quem, não tendo direito a nada, esperneia por conta da derrota que lhe seja própria.

Pode ser que seja. Reclamar pelo que não tem direito, tentar obter o que não é devido, lucrar *uma beirada* indevida, é próprio da mesma categoria de gente: aqueles que encaram princípios e normas jurídicas como os elementos de um cenário em que, por ardil e burla, se é premiado auferindo o que não lhe é de direito. Pode ocorrer para lá, pode ocorrer para cá: de um lado ou de outro. Entre ambas as possibilidades, posta--se – ou deveria postar-se – um magistrado: a Constituição da República, quando pensa e propõe um Estado Democrático de Direito, atribui a tal função de Estado um papel vital: interesse-se, comprometa-se, entregue (e manifeste) às partes o interesse que o Estado deve ter por todos os seus cidadãos. Dê-lhes importância.

A função estatal de julgar e "dar a cada um o que é seu" traz implícito um dos valores sociais mais caros: a justiça. Justiça é um clamor elementar e, diz-se, um dos atributos divinos, permitindo-nos passear no plano dos prelúdios das ideias. Não é pouco, nomeadamente para quem assuma o ônus de compreender todos os desencadeamentos daí resultantes. A justiça é desses temas dramáticos que, sim, amedrontam a muitos. Mas não deveria afugentar aqueles que, postulando a toga por concurso, deveriam aceitar seus ônus – inclusive os éticos – para merecer seus bônus, seja lá de qualquer ordem forem, inclusive a realização das vocações existenciais.

Uma introdução tão forte justifica-se pelo terreno que, adiante, haveremos de trilhar. Mais fácil é tratar do direito pelo verso; é desconfortável pelo anverso. Não compreendeu? Vamos dizer de outra forma: há mais conforto na percepção e compreensão do que claramente lícito e, em oposição, do que é claramente ilícito: você é o proprietário e você é o ladrão: subtraiu, para si ou para outrem, coisa alheia móvel. Os cenários das fraudes são desconfortáveis, pois implicam lidar com o que parece ser regular, embora não seja: parece ser, mas não é.

Quando estão presentes indícios de que uma fraude pode ter ocorrido, ou seja, quando se percebem alterações de cenários que são incompreensíveis, quiçá passíveis de dúvidas, é que a causa/argumento seja adequadamente recebida pelo Judiciário e processada com a seriedade que o cidadão merece do Estado. O indício verossímil pode ser pouco, mas é algo. E o Tribunal se torna a esperança, o caminho. Faz-se a oportunidade de cumprir sua função: ouvir, dar procedimento e, enfim, garantir a cada um o que é seu.

Só uma postura proativa da advocacia, do judiciário, do Ministério Público poderia ao menos dar uma chance para que a verdade sobre o que efetivamente se passou fosse descoberta. Afinal, a característica essencial da fraude é procurar apresentar-se como ato regular.

2 Patrimônio

Se há palavras socialmente fortes, patrimônio é uma delas. Encaixa-se em diversas expressões (do que são exemplos: patrimônio público, patrimônio cultural, patrimônio natural), mas sua expressão mais corriqueira expressa-se com arrancos de possessividade, ou seja, casando o substantivo com um pronome possessivo e artigo: *o meu patrimônio, o seu patrimônio, o nosso patrimônio*. Isso é antigo e, hoje sabe-se, motivou uma longa história de parricídios[5] na Roma clássica: assassinar o *pater familias* como meio de assumir o controle do patrimônio familiar e de sua posição social.

Apesar do uso corriqueiro e coloquial, é preciso estar atento para a significação técnica do conceito jurídico. Embora estejamos cada vez menos atentos a isso – e perde toda a classe jurídica –, há uma tecnologia jurídica, desenvolvida ao longo dos séculos e, por força dela, um modo específico de dar tratamento à realidade social. Há um hiato entre a *compreensão ordinária* (atécnica) de algumas palavras ou expressões e a sua compreensão no âmbito da *tecnologia jurídica*, como ocorre com o termo *roubar* (usado mesmo para árbitros de futebol, ainda que só portem apitos). Também é o que se passa com a palavra *patrimônio*, a exigir muito cuidado no seu manejo jurídico.

Nas ruas, a palavra *patrimônio* traduz o conjunto de bens de uma pessoa ou ente despersonalizado; sob tal ângulo, o conceito dá a falsa impressão de guardar pertinência com o *direito das coisas* (ou *direitos reais*). Embora seja esse o uso corriqueiro, tal entendimento constitui um erro grave no âmbito jurídico. Em termos técnico-jurídicos, *patrimônio* é o conjunto das relações jurídicas (*universitas iuris*), ativas e passivas, de uma pessoa ou ente despersonalizado, razão pela qual seu âmbito disciplinar próprio é uma junção do direito das coisas com o direito das obrigações (ou direitos das prestações).

> Patrimônio → conjunto de relações jurídicas, ativas e passivas, de uma pessoa ou ente despersonalizado.

Para compor a adequada ideia dessa universalidade de relações jurídicas, pode-se dividir o patrimônio em dois grandes blocos: no *patrimônio ativo* (ou, simplesmente, no *ativo*) estão seus bens, imóveis e móveis, incluindo direitos pessoais com expressividade econômica (a exemplo de quotas, ações etc.), além de outras faculdades jurídicas conversíveis em pecúnia, ou seja, direitos que comportam valoração em dinheiro, ainda

---

5   No português contemporâneo, o parricídio é, sem sentido estrito, o homicídio de um parente; há termos específicos: patricídio, matricídio, filicídio e fratricídio.

que por estimação, podendo ser transferidos (cedidos) a outrem. Em oposição, o *patrimônio passivo* (ou, simplesmente, o *passivo*) é composto pelas relações jurídicas, com expressividade econômica, nas quais ocupa a posição de obrigado, de devedor. A combinação dessas duas dimensões do patrimônio conduz ao chamado *patrimônio líquido*: toma-se o valor do patrimônio ativo e dele se subtrai o valor do patrimônio passivo.

Facilmente, se percebe que a existência da pessoa, sua ação na comunidade, produz efeitos patrimoniais diversos, alterando cotidianamente a situação de seu patrimônio. Essa *evolução patrimonial* pode conduzir, inclusive, à situação de insolvência, ou seja, a situações nas quais o patrimônio líquido se mostra negativo (passivo superior ao ativo), sem que haja perspectivas de alteração desse quadro.

$$
- \text{Patrimônio}
\begin{cases}
- \text{Econômico}
\begin{cases}
- \text{Ativo} \\
- \text{Passivo}
\end{cases}
\cdots\cdots
\begin{array}{c}
\text{Patrimônio Ativo} \quad (-) \\
\text{Patrimônio Passivo} \\
\hline
\text{Patrimônio Líquido}
\end{array} \\
\\
- \text{Moral}
\end{cases}
$$

Anote-se que a compreensão jurídica de patrimônio está habitualmente vinculada à dimensão econômica das relações jurídicas, o que não nos parece adequado. De fato, parece-nos que hodiernamente a ideia de universalidade de relações jurídicas (*universitas iuris*) deve abranger, por igual, as faculdades personalíssimas que, combinadas, compõem um *patrimônio moral*. Portanto, hodiernamente, melhor seria separar, no conceito de patrimônio, dois grandes grupos: *patrimônio moral* (composto por direitos da personalidade, caracterizados por serem intransmissíveis e irrenunciáveis, não podendo o seu exercício sofrer limitação voluntária, a teor do art. 11 do Código Civil) e *patrimônio econômico* (composto por bens e obrigações apreciáveis economicamente, vale dizer, que comportam tradução em pecúnia).

O patrimônio moral é, a seu modo, inseparável de cada pessoa, designadamente dos seres humanos; é o conjunto de direitos que enriquece cada ser humano, por mais miserável que seja no plano econômico. Uma criança recém-nascida, da família mais pobre que vive na desolação material e moral, é titular de um patrimônio moral: ninguém lhe pode tirar seus direitos personalíssimos físicos (a vida, o corpo – em sua totalidade e em suas partes, eventualmente seu cadáver, sua imagem ou efígie, seu tom de voz etc.), seus direitos personalíssimos psíquicos (sua integridade psicológica, sua integridade emocional, sua intimidade, sua liberdade de crença religiosa, filosófica e política, como exemplos), seus direitos personalíssimos morais (seu nome, sua honra, sua privacidade, suas criações intelectuais, entre outras).

Parece-nos, portanto, que o art. 91 do Código Civil refere-se apenas ao patrimônio econômico, nunca ao patrimônio moral, que tem sua existência decorrente não só da afirmação doutrinária e dos princípios gerais de direito, mas também da vigência dos arts. 11 a 21 do Código Civil, bem como de seu art. 186, a prever a possibilidade de dano ao bem exclusivamente moral. Tem-se, no reconhecimento do patrimônio moral, indelevelmente ligado à existência da pessoa (um atributo da personalidade, inclusive das pessoas jurídicas, segundo o art. 52 do Código Civil), o que, no que concerne aos seres humanos, acaba por se tornar a afirmação civil dos direitos humanos, numa regra de inclusão geral: todo ser humano é sujeito de direitos e deveres, é pessoa, para o direito brasileiro, não importando quem seja ou onde esteja; é sempre titular de um patrimônio que não lhe pode ser retirado.

O presente estudo, contudo, não se debruça sobre o patrimônio moral, mas sobre o patrimônio econômico. Mais precisamente, sobre a ideia de patrimônio econômico comum. Com efeito, duas ou mais pessoas podem ser titulares de um mesmo patrimônio, constituído como resultado de uma relação (pretensamente) afetiva, embora a existência inequívoca do afeto não seja um requisito essencial, não sendo sequer descaracterizada pela comprovação da completa ausência de afeto (ou, mesmo, pela existência de ódio, desprezo etc.).[6] O casamento é uma dessas relações jurídicas, podendo implicar um patrimônio comum conforme o regime de bens eleito pelos cônjuges. Para além dele, há outras relações afetivas, constituídas sem demandar solenidade ou, até, formalidade específica,

---

6 Embora o termo *relação afetiva* seja corriqueiro, não se demanda afeto ou amor. Mesmo os casamentos prescindem de amor ou afeto. Há casamentos fundados em ódio e desprezo e, ainda assim, chamam-se de casamentos e merecem tratamento jurídico tal qual. "O amor nasce das excelências interiores", diz Mário de Andrade (*op. cit.*, p. 50). Isso não é para qualquer um.

que podem conduzir à formação de um patrimônio comum. Essas relações podem unir duas ou mais pessoas, de sexos distintos (*heteroafetividade*) ou de mesmo sexo (*homoafetividade*).

Esse patrimônio comum deve ser partilhado quando a relação termina, separando-se os cônjuges ou conviventes, havendo balizas para tanto. Infelizmente, não raro se verificam esforços de um ou mesmo ambos os litigantes para fugir à partilha correta, adotando estratégias ilícitas para obter uma participação maior na divisão. Examinaremos diversas dessas estratégias, permitindo que o leitor as compreenda e assim possa atuar eficazmente pela correta aplicação do direito, ou seja, atuar para que seja dado a cada um o que é seu (*suum cuique tribuere*).

De qualquer sorte, é preciso cautela: fraudes são realidades que não se acomodam confortavelmente nas listas enumeradas, nomeadamente no rol taxativo. *Raça superior* de comportamento ilícito, não roncam alto sua desconformidade com o paradigma jurídico, como os demais ilícitos. Na maioria das vezes, como as traquitanas blindadas, somente se compreendem quando, desparafusadas suas carcaças, revela-se a estrutura de seus mecanismos e, de pronto, só servirá à plebe pequena: os grandes golpes podem mesmo se inspirar no que já se descobriu, mas sua excelência está na construção da novidade: aquilo que não se perceberá, não se descobrirá.

Este livro é mais útil àqueles que percebem, em sua narrativa, o molejo da fraude, seu jeito e maneira, do que àqueles que pretendem conhecer a sua fórmula. Não há equação única, ou, achando-a, verá o volume de variantes que permitem o mesmo se apresentar sempre de um jeito diverso. É a arte do trapincola, do manganão.

3   Direito privado: civil e empresarial

Com a edição da Lei 10.406/2002, estabelecendo o vigente Código Civil, realizou-se no Brasil a reunificação do direito privado, ou seja, extinguiu-se a dicotomia entre direito civil e direito comercial, herdada do direito francês. Resumindo tal passagem histórica, sem muito rigor histórico, sabe-se que, sob orientação de Napoleão, foram construídas duas normas diversas: o Código Civil dos Franceses (*Code Civil des Français*), de 1804, e o Código Francês de Comércio (*Code de Commerce Français*), promulgado em 1807 e que entrou em vigor em 1808. Essa divisão não se fundava em razões jurídicas, mas na conveniência política, permitindo acomodar os interesses díspares de dois setores sociais e econômicos diversos: o setor agrário (ou fundiário), que passou a ser regido pelo Código Civil, e o setor industrial e mercantil, que passou a ser regido pelo Código Comercial.[7]

Para acomodar essa distinção, recusou-se a mera distinção subjetiva entre os atores sociais, o que seria incompatível com a ideia de *igualdade* que compunha a divisa da Revolução Francesa (*liberté, égalité, fraternité* ou *la mort*). Mais do que um conceito abstrato, utópico, a proposição de igualdade estava fortemente lastreada não só na aversão a todos os tipos de distinções pessoais, designadamente as que opunham os *nobres* e os *plebeus*, mas também nas que sustentavam as limitações de atuação econômica em face da atuação das corporações de ofício, extintas pela Convenção. Foi por isso que se recorreu a uma solução objetiva: em lugar de fundar a distinção nas pessoas (perspectiva subjetiva), fundou-se no *ato praticado* (perspectiva objetiva). Criou-se, assim, a *teoria do ato de comércio*: todo aquele que praticasse um *ato de comércio* (*acte de commerce*) estaria submetido ao Código Comercial. Em linhas gerais, o ato de comércio seria o exercício profissional da mercancia.

> Código Comercial (1850) → Teoria do ato de comércio
>
> Código Civil (2002) → Teoria da empresa

Poucos sabem que a crítica a essa dicotomia foi inaugurada aqui mesmo, no Brasil, capitaneada pelo grande jurista Augusto Teixeira de Freitas, ainda em 1850; só quatro décadas depois, a Europa conheceria igual crítica, pelo magistério de Cesare Vivante, como reconheceu Tullio Ascarelli.[8] Os italianos recompuseram seu direito privado em 1942, edi-

---

7   GALGANO, Francesco. *História do direito comercial*. Tradução de João Espírito Santo. Lisboa: Signo, 1990. p. 72-80.

8   DUARTE, Ronnie Press. *Teoria da empresa à luz do novo Código Civil brasileiro*. São Paulo: Método, 2004. p. 56, 57 e 81.

tando um novo Código Civil; os brasileiros só o fizeram em 2002, com a Lei 10.406, o vigente Código Civil brasileiro.

Os italianos, com Vivante, foram além, contudo. Estabeleceram uma nova teoria subjetiva, fundada na empresa. Vamos nos explicar. Antes dos Códigos Comerciais da primeira metade do século XIX, havia uma *compreensão subjetiva* do direito comercial: a disciplina e suas normas eram aplicadas àqueles (sujeitos) que estavam inscritos nas corporações de ofício mercantis. Teoria e identidade *subjetiva*: fundada no sujeito: o comerciante devidamente admitido na respectiva corporação. Os códigos francês e brasileiro novecentistas (e todos os demais) fundaram-se numa *teoria objetiva*: a teoria do ato de comércio foca no objeto da ação e não na pessoa do agente (sujeito). A teoria da empresa, desenvolvida por Cesare Vivante, e cujo elemento central é a organização para a produção de vantagens econômicas, ou seja, as empresas.

Essas referências, acreditamos, têm mais valia para a compreensão historiográfica do direito. Se olharmos para a realidade social, teremos que perceber que, há muito, a distinção de uma ética civil e uma ética mercantil não mais se sustenta. Somos uma sociedade que, em tudo e por tudo, assimilou a lógica e a ética capitalista, da inserção no mercado de trabalho, no mercado de consumo, às aspirações individuais, investimentos, valores. O Código Civil de 1916, logo após a Parte Geral, iniciava a Parte Especial pelo direito de família, fundado na figura do pai de família, o cabeça do casal. O Código Civil de 2002 inicia a Parte Especial pelas obrigações, avança pelos contratos, a propriedade e, só ao final, vai cuidar da família, onde não mais há espaço para um patriarca, um cabeça do casal: o *pater familias* está renegado aos livros de história.

Todos, hoje, assumem obrigações que, outrora, eram tidas por mercantis. Todos firmam contratos às pencas e preencher títulos de crédito não é mais ato mercantil há muito, seja pelos cheques, seja pelas notas promissórias, seja pelas cédulas de crédito bancário que, atualmente, estão por trás de boa parte dos empréstimos e financiamentos. Há notícias cotidianas de decisões que, à revelia da lei, aceitam pedidos de recuperação judicial para não empresas: cooperativas, fundações, associações educacionais e desportivas. O que tudo isso indica? Que já está na hora de superar teorias subjetivas e objetivas e compreender que, no âmbito das relações privadas – o direito privado – há um direito negocial que se aplica a todos os empreendedores: advogados, dentistas, donos de bares etc. Um mesmo direito para todos os que empreendem, que mantêm negócios.

No entanto, a reunificação do direito privado ainda encontra resistência entre estudiosos e, mesmo, operadores do direito, acostumados à dicotomia civil/comercial. Aliás, não são poucos os que querem separar novamente os códigos, as normas, os sujeitos e os atos, apesar de, na realidade do cotidiano, essa distinção já ter sido superada há muito: ao longo do século XX, a sociedade brasileira deixou de ser essencialmente agrária para tornar-se urbana. Superou-se o modelo jurídico fundiário, sustentado na ideia de um *senhor de terras*, um *patriarca*, um *cabeça do casal*, figuras que remetem ao *pater familias* latino. A Constituição da República de 1988 consolida esse movimento, lançando as bases fundamentais de uma série de diplomas legislativos que compreendem a pessoa como parte de uma sociedade capitalista, uma sociedade assentada numa economia de produção e consumo em massa. Cotidianamente, somos todos *negociantes*, em sentido largo.

Nessa nova sociedade, a convivência da família com a empresa é muito mais estreita, o que justifica a preocupação que dá orientação a este livro. Em primeiro lugar, pelo fato de um dos cônjuges atuar no mercado, seja como empresário, seja como sócio de uma sociedade. Em segundo lugar, pela prática reiterada de se utilizarem as estruturas societárias para planejamento patrimonial, por vezes em movimentos que revelam boa-fé e atendem aos interesses dos cônjuges e conviventes, por outras vezes em movimentos ilícitos, voltados para lesar um dos titulares do patrimônio em comum.

Para compreender adequadamente esse fenômeno e conseguir se situar no plano em que boa parte das fraudes ocorre, será preciso explorar a distinção vigente: o que é a empresa e, consequentemente, qual é a especialidade do direito de empresa? Qual é a marca distintiva que deixa especialistas em família perdidos diante de situações de *despatrimonialização* que *cheiram* a fraude?

4 Empresa

Como visto anteriormente, a reunificação do direito privado brasileiro fez-se por meio da adoção da teoria da empresa. Essencialmente, a empresa é uma organização de iniciativas otimizadas, de procedimentos, de fórmulas que, segundo a lógica de seu titular (empresário ou sociedade empresária), permitirão a realização de suas metas econômicas. O conceito de empresa identifica-se com a ideia de empreender, enfocando, dessa forma, o ato humano individual ou coletivo que cria e mantém um tráfico negocial, a incluir operações que se estruturam e se repetem para atender ao mercado, produzindo e/ou circulando bens e/ou serviços. Mas o mais interessante é que essa atividade organizada é, para o direito, um objeto jurídico passível de apropriação e, mesmo, de cessão.

De qualquer sorte, é preciso compreender a empresa como um objeto jurídico que não se confunde (1) com sua base patrimonial (aspecto estático da empresa), que é o estabelecimento (*complexo organizado de bens*, nos termos do art. 1.142 do Código Civil), nem se confunde (2) com o seu titular, que será o empresário ou a sociedade empresária (da mesma forma que esta não se confunde com as pessoas de seus sócios, nem de seu administrador ou administradores). O próprio art. 1.142 do Código Civil deixa-o claro: "considera-se estabelecimento todo complexo de bens organizado, para exercício da empresa, por empresário, ou por sociedade empresária". Estão nítidos os três níveis dispostos no esquema anterior, apresentados como distintos entre si: (1) estabelecimento; (2) empresa; e (3) empresário ou sociedade empresária. Faltou incluir o quarto nível: nas sociedades empresárias, a pessoa dos sócios e/ou administradores, como distinta da pessoa da sociedade (pessoa jurídica).

> Sócios e administradores
> ≠
> Empresário ou sociedade empresária
> ≠
> Empresa
> ≠
> Estabelecimento

O estabelecimento é parte da empresa; mas apenas uma parte: a sua base material, o seu aspecto estático. Quem entra à noite nas instalações de uma fábrica que não está funcionando vê o estabelecimento, não vê a empresa. Durante o dia, o conjunto do estabelecimento e das atividades ali desempenhadas (aspecto dinâmico) dá expressão à empresa. Essa percepção é vital, pois, em incontáveis oportunidades, o grande valor de uma empresa não está no seu estabelecimento, ou seja, não está no seu complexo organizado de bens, mas resulta de vantagens diversas, como a excelência da organização desses bens (aviamento), sua logística, seus quadros de trabalhadores, seu capital intelectual, entre outros elementos. Exemplificam-no as notícias reiteradas de aquisições empresariais que superam – e muito – o valor patrimonial de uma corporação.

> A empresa não se confunde com o seu titular (o empresário, a Eireli ou a sociedade empresária), nem com o complexo organizado de bens (estabelecimento) por meio do qual se concretiza a atividade econômica. Ainda assim, é um objeto de relações jurídicas, podendo compor negócios como cessão (onerosa ou gratuita), arrendamento etc.

Apesar de haver teorias diversas, parece-nos que não se deve pensar a empresa como uma realidade puramente conceitual e, portanto, intangível. Ela é uma universalidade de fato e de direito, por igual. Ela é, sim, um patrimônio. Mas não é só esse patrimônio. Vai além. Por isso, pode valer mais que o somatório do valor de suas relações jurídicas positivas (suas faculdades, seu *patrimônio ativo* ou, simplesmente, *ativo*). É preciso estar atento para a multiplicidade de situações, atribuindo-lhe tratamento adequado e próprio. Não é raro ver que a injustiça/inadequação de uma partilha está justamente em não compreender o seu valor intangível, sua vantagem de mercado (*goodwill of trade*), o valor financeiro de seu aviamento e afins.

Na mesma toada, mas em sentido diverso, é comum o equívoco de não compreender as desvantagens de certas aziendas, isto é, de certas universalidades produtivas: o peso de seu passivo (registrado ou potencial), sua desatualização, mercado adverso entre outros elementos. Há empresas que parecem ser extremamente valiosas, mas não o são. Perderam seu tempo, seu mercado, suas condições apropriadas para a geração de caixa e, mais, de lucro.

5 Fraude patrimonial entre cônjuges e conviventes

Infelizmente, os seres humanos, em menor ou maior grau, manifestam um impulso de autobeneficiamento que lhes inspira atos egoístas e, para além, posturas agonísticas, ou seja, de combate, luta.[9] É quanto basta para que as relações interpessoais tendam ao conflito. Dessa realidade não se excluem, sequer, os que mantêm relações afetivas ou, se não tanto, relações conjugais ou de convivência. Cenários desoladores se constroem quando a discórdia se assenta entre pais e filhos, irmãos, amigos e, com mais frequência, entre os casais. Os sentimentos transmudam-se e a passionalidade revela seu pior viés: torna-se ódio, ressentimento, desejo de vingança, fazendo perecer a boa-fé, a probidade e a licitude, sufocadas pela mesquinharia. E esse malho, não raro, respinga nas relações jurídicas.

Para o que aqui estudaremos, importa não esquecer que o amor pode terminar sem alarde, sem sinais claros, sem simultaneidade. O ódio e o desprezo assentam-se no coração sem que isso seja percebido por quem ainda se sente amado/respeitado. Mas o enredo do fim está em curso. Não se revela na claridade do desencontro escancarado. Não confessa mágoa ou cólera ou qualquer outra qualidade. Ergue-se na obscura e silenciosa corrosão emocional que não se confessa, mas que age. Fraudes montam-se assim. As de maior qualidade assustam pelo tempo e pelo sangue frio de quem se manteve junto apenas para estruturar ardilosamente o truque, a artimanha.

– Quando foi isso? Mas estava tudo normal! Nós estávamos juntos, de mãos dadas, no aniversário de nosso filho. Eu tenho as fotos.

Quando os fatos se revelam, quando os estratagemas são datados, o choque de algumas situações abre um talho na história. De repente, o(a) ex-cônjuge ou ex-companheiro(a) atento(a) para os detalhes, percebe o desfalque. Fez-se personagem de cordel ou folhetim barato, sendo caçado por quem amava e julgava ser amado. Enquanto um se dedica ao tecido dos dias, na ilusão da normalidade, o outro já dá engenharia a um futuro diverso, já arma ou dá o bote. Quem outrora mereceu juras de amor,

---

9   Conferir MAMEDE, Gladston. *Semiologia do direito*: tópicos para um debate referenciado pela animalidade e pela cultura. 3. ed. São Paulo: Atlas, 2009.

torna-se o alvo, o adversário, o inimigo, sem que perceba: sem notificação ou imputação.

A oitiva dos casos revela isso: há quem tenha a pachorra de manter a personagem conjugal para ter a oportunidade – e a vantagem – de preparar sua saída do relacionamento. É muito comum, embora haja casos de saídas – e fraudes – afoitas, por igual. O afeto que não se tem (para receber ou dar) compensa-se com *possessividade pecuniária*; há carência afetiva na mesquinharia. E nesse contexto o ex-amante se torna o tratante: quer sair em vantagem, levar a melhor, e o patrimônio comum é o ringue dessa peleja.

Partilhas maculadas são comuns. Muito comuns, lamentavelmente. Desonestidade de divórcio ou dissolução que, para o agente, nada mais é do que ato de compensação. O justiceiro que afirma a própria razão de forma eficaz: corrompendo as contas a seu favor, subtraindo bens à colação do patrimônio a dividir. A substituição psicológica do afeto pela ambição pecuniária lhe alimenta a consciência de escusas e justificativas. No fim das contas – *noves fora* – ele está agindo de forma correta. Está reequilibrando o desequilibrado, ainda que com as medidas viciadas de sua balança pessoal.

O pior é anotar que, sim, há técnicos que se prestam a assessorar tais operações e, assim, tornar-lhes mais difíceis de serem combatidas, desfeitas. Há advogados, há contadores, há profissionais de outras disciplinas que se dispõem a isso. Em diversos casos se encontram estruturas contábeis e/ou jurídicas de inquestionável qualidade e sofisticação, apesar de ilegítimas e, portanto, ilícitas. Ferramentas e mecanismos do direito societário e de todo o direito empresarial são facilmente detectados e, sim, a especialidade do tema pode criar uma dificuldade maior.

A proposta deste livro, confessada já na capa, é tratar dessas simulações empresariais e societárias, isto é, tentar construir uma ponte de compreensão entre o direito empresarial e o direito de família, para, assim, auxiliar a comunidade jurídica no seu esforço de dar a cada um o que é seu.

Mas eu só queria saber neste mundo misturado quem concorda consigo mesmo! Somos misturas incompletas, assustadoras incoerências, metades, três-quartos e quando muito nove-décimos. [10]

---

10 Mais uma vez, Mário de Andrade (*op. cit.*, p. 79).

2

Empresário casado

1 Empresário

Por uma questão de método, será preciso começar do mais elementar. Afinal, poderia estar no uso de ferramentas e instrumentos *jusempresarialistas* a dificuldade oferecida para identificar o que poderia ter ocorrido com o patrimônio que parece estar artificialmente reduzido quando da partilha de bens. Melhor será dar uma visão geral da estrutura conceitual básica do direito empresarial. E uma estrutura que, é bom advertir, principia pelo empresário (ou empresário individual: a pessoa natural que se registrou para empresariar). Só depois será possível compreender as pessoas jurídicas que são constituídas e usadas para empresariar.

É empresário quem exerce profissionalmente atividade econômica organizada para a produção ou a circulação de bens ou de serviços, segundo o art. 966 do Código Civil. Portanto, é o exercício profissional da empresa (*atividade econômica organizada*) que definirá quem é empresário. Essa *profissionalidade* traduz-se pelo exercício habitual da atividade negocial organizada, sendo comprovada pela atenção a uma das obrigações elementares do empresário: inscrever-se na junta comercial. Pode parecer uma antigualha, senão uma bizarria imperfeita: registrar-se como pessoa natural para o exercício de empresa. Contudo, é a situação mais comum: mais da metade das empresas ativas no Brasil são tocadas por empresários individuais; três vezes mais do que sociedades limitadas, que vêm em segundo lugar. Há que entender a figura, portanto.

Antes de mais nada, vamos afastar um equívoco conceitual. Coloquialmente, chama-se de *empresário* a qualquer um que esteja inserido no ambiente empresarial. Essa significação coloquial não corresponde, uma vez mais, ao termo técnico no direito. O Código Civil não usa o termo para alcançar sócios (quotistas ou acionistas) ou administradores de sociedades empresárias. Sócios (quotistas ou acionistas) são sócios – o português coloquial já os tratou, corretamente, como capitalistas (investidores, seria dito hoje) – e administradores empresariais são administradores. Empresário é a pessoa natural (pessoa física) que exerce profissionalmente atividade econômica organizada (empresa), devendo estar inscrito na junta comercial.

Não se faz necessário para a caracterização da condição de empresário que a atividade econômica organizada para a produção ou a circulação de bens ou de serviços, isto é, a empresa, seja a única profissão da pessoa natural. Não há exigência de dedicação exclusiva ao empreendimento mercantil; exige-se, para caracterização da condição de empresário, apenas a titularidade do empreendimento, considerado como exercício habitual e constante de atividade organizada para a produção ou circulação de bens e/ou de serviços, sempre com fins econômicos (de auferir vantagem econômica).

Como a empresa é titularizada pelo próprio empresário, compõe o seu patrimônio. Assim, a empresa é apenas uma parte do patrimônio da pessoa natural; não há outra personalidade jurídica, nem outro patrimônio, ao contrário do que ocorre na hipótese de sociedade empresária, na qual a pessoa jurídica tem personalidade e patrimônio próprios, que não se confundem com a personalidade e o patrimônio de seus sócios, sócios estes que simplesmente titularizam (e têm em seu patrimônio) quotas ou ações da sociedade. Se, nas sociedades empresárias, a empresa é parte do patrimônio da pessoa jurídica, em relação ao empresário individual, a empresa é parte do patrimônio da pessoa natural, podendo ser alcançada por obrigações assumidas fora das atividades empresariais, da mesma forma que as obrigações assumidas no âmbito das atividades empresariais alcançam o restante de seu patrimônio, ou seja, o patrimônio não empresarial, inclusive bens que estejam em nome do cônjuge, se há comunhão de bens.

> A empresa (o estabelecimento e a atividade, com seu valor imaterial) compõe o patrimônio do empresário (firma individual). Constitui uma especialização (narrada pela respectiva escrituração contábil), mas é uma parte do patrimônio da pessoa natural. Nas sociedades, o patrimônio é distinto: o sócio tem quota(s) ou ação(ões); a empresa compõe o patrimônio da sociedade.

Como visto anteriormente, o exercício da atividade empresária por parte de pessoa natural demanda inscrição no registro mercantil, a ser providenciada na localidade onde mantenha o seu respectivo domicílio profissional, isto é, a sede de sua organização empresarial. Esse registro é regulado pelos arts. 967 a 970 do Código Civil e pela Lei 8.934, de 18 de novembro de 1994, que disciplinam o chamado registro público de empresas mercantis, que está a cargo das juntas comerciais.

A definição do registro mercantil como uma obrigação do empresário e da sociedade empresária tem a importante função de preservar informações e, ademais, dar-lhes a publicidade necessária para a segurança das relações interindividuais. O registro público é um importante aliado e uma ferramenta utilíssima para compreender o que se passa com a empresa, realçada tal função de dar garantia, publicidade, autenticidade, segurança e eficácia aos atos jurídicos das empresas. Lembre--se que o art. 29 da Lei 8.934/1994 garante a qualquer pessoa o direito de consultar os assentamentos existentes nas juntas comerciais e obter certidões, sem que para isso precise explicar suas razões.

Se o empresário for casado, deverá informar à junta comercial o seu regime de bens, o que tem por finalidade dar a conhecer ao mercado as garantias genéricas de que dispõe ao negociar com a empresa. De fato, entre empresário individual e empresa não há, como se verifica entre os sócios e a pessoa jurídica, uma distinção de personalidade; assim, a empresa individual tem a mesma personalidade jurídica de seu titular. Dessa forma, se o empresário individual é casado pelo regime de comunhão universal de bens, todo o patrimônio do casal

2 Capital

Vamos começar a falar de dinheiro. Ao requerer o seu registro, o empresário deverá informar, atendendo ao art. 968, III, do Código Civil, qual será o capital investido na empresa, vale dizer, quanto dinheiro será investido (alocado) na atividade negocial. Também as sociedades empresárias devem fazer o mesmo: o montante global e, mais do que isso, uma especificação sobre o valor investido por cada sócio e a participação proporcional no capital social. Esse valor será registrado na junta comercial e anotado em sua escrituração contábil. O empresário utilizará o capital obrigatoriamente na empresa, de acordo com seu tino comercial, definindo as estratégias para tocar seu negócio. Poderá comprar bens (imóveis, maquinário, instrumental, insumos etc.), pagar serviços, contratar empregados etc., tendo sempre em vista a realização do objeto da empresa (que também consta do registro).

Note-se haver uma perigosa confusão em relação a conceitos aproximados, mas distintos entre si: capital e patrimônio. Empresários (firma individual) e sociedades estão obrigados a registrar o valor de seu capital. Daí falar-se genericamente em capital registrado, embora seja comum a utilização da expressão *capital social* para as sociedades; afinal, trata-se do capital da sociedade, registrado a partir do arquivamento de seus atos constitutivos: contrato social (sociedades por quotas) ou estatuto social (sociedades por ações). O capital registrado (individual ou social) pode ser realizado em dinheiro, crédito e/ou bens, havendo tipos societários que comportam até a integralização do capital por meio da prestação de serviços.

É a partir desse capital registrado, investido na atividade negocial, que se formará o patrimônio empresarial, titularizado pelo empresário. Portanto, a empresa é, em si, um patrimônio (*universitas iuris*); um patrimônio especificado por sua função e emprego, cujo titular é o empresário individual (pessoa natural) ou a sociedade empresária (pessoa jurídica), cuja evolução é – e deve ser – historiada por uma escrituração contábil, que o art. 1.179 do Código Civil estipula ser obrigatória e que, ademais, atende às necessidades fiscais.

Cap. 2 • Empresário casado   25

O capital referido pelo art. 968, III, do Código Civil é o capital inicial, o montante de valores (em dinheiro ou em outros bens) que é destinado para a constituição da empresa, iniciando a sua contabilidade. A atividade negocial deverá produzir um sobrevalor, que exceda o capital e, assim, possa ser retirado do patrimônio empresarial e entregue ao empresário (firma social) ou aos sócios (sociedades). Sim, estamos falando de um *superávit* que se toma por lucro. Justamente por isso, capital registrado e patrimônio são distintos. É certo que, por meio do investimento feito na atividade negocial, permite-se a constituição de um patrimônio econômico empresarial. Mas não há confusão entre ambos. O *capital registrado* serve ao *patrimônio empresarial*; mas não lhe é igual. É muito comum que o patrimônio empresarial supere – e muito – o valor do capital social, o que deve ser observado com cautela quando da partilha de bens.

O capital de uma empresa ou sociedade empresarial não se confunde com (não é o mesmo que) seu patrimônio.

Capital ≠ Patrimônio ≠ Valor de mercado

Nem o capital (consta de seu registro), nem o patrimônio empresarial (consta de sua escrituração contábil) confundem-se com o seu valor de mercado (valor de venda, que é aquele pelo qual deverá entrar na conta dos bens a partilhar).

Em qualquer caso, é preciso atentar para o fato de que os valores alocados (capital) pelo empresário na atividade negocial devem ser conservados no empreendimento, enquanto estiverem registrados. A lógica do investimento é a lógica da preservação do capital no empreendimento. Seu uso está restrito à empresa e, sim, havendo prejuízos, ele haverá de ser consumido. Mas se não há, deve ser preservado para que a empresa em si se preserve. Empresas capitalizadas são empresas mais seguras, mais perenes, e, sim, uma forma usual de enfraquecer uma empresa é fazer com que se descapitalize. E, sim, esse processo de descapitalização pode e dever ser investigado, nomeadamente quando abrupto, rompendo com a história do negócio e a normalidade até então revelada. Afinal, pode traduzir uma ação dolosa ou culposa (por negligência, imprudência), senão por abuso de direito; nesse caso, os arts. 186 e 187 do Código Civil deverão iluminar e pautar os fatos.

Como resultado do princípio da preservação do capital empresarial, para saber se houve lucro ou prejuízo no exercício, é preciso subtrair o valor do capital registrado do patrimônio líquido, permitindo sua preservação e, destarte, viabilizando a continuidade da atividade negocial. Daí dizer-se que o capital registrado deve ser verdadeiro (seu valor correto deve estar registrado e deve ter sido efetivamente investido no negócio), intangível (não se pode lançar mão indevidamente de seus valores) e fixo (estável, embora possa ser alterado no registro mercantil). O exame dos balanços empresariais é a operação mais elementar para aferir se houve regularidade na gestão do patrimônio; melhor será quando, a bem da lisura, à existência de indícios de malfeitos, nomeadamente variações abruptas para menos, seja deferida a auditoria das contas societárias (quando a parte seja sócia). Ali, na escrituração, a vida da empresa é contada em operações e números (cifras). Em se tratando de empresário (firma individual) ou Eireli, essa auditoria sequer deve depender de variações ou indícios, mas ser reconhecida como decorrência natural do processo de liquidação do patrimônio comum para a sua partilha.

3 Casamento

Havendo empresário individual ou Eireli, o patrimônio da empresa é, como já dito, apenas uma parte do patrimônio do titular. Portanto, submete-se a eventuais regras sobre patrimônio comum – em conformidade com cada caso, nunca é demais recordar –, ou seja, podendo haver comunicação com o patrimônio do cônjuge ou convivente. Para que tal particularidade seja conhecida pelo mercado, o art. 979 do Código Civil determina que, em se tratando de empresário (firma individual) sejam arquivados e averbados, no registro mercantil, além da inscrição do empresário, "os pactos e declarações antenupciais do empresário, o título de doação, herança, ou legado, de bens clausulados de incomunicabilidade ou inalienabilidade".

A medida tem a função óbvia de dar publicidade à situação patrimonial do empresário que seja casado ou viva em união estável. Poucas pessoas dão a devida importância a tal função dos registros públicos: dar a conhecer à comunidade, protegendo – mas por igual vinculando – os terceiros ao conhecimento do que está registrado. É o mecanismo jurídico da *ciência ficta*: conhecimento que se presume por estar disponível a informação em órgão que a franqueia ao público, no caso, as juntas comerciais. No caso examinado, a medida tem por finalidade clara a preservação dos interesses de terceiros que negociam com o empresário, já que suas operações são garantidas por todo o patrimônio da pessoa natural do empresário, com as suas características jurídicas, incluindo eventuais limitações resultantes de clausulações etc.

> O art. 979 do Código Civil determina que sejam arquivados e averbados, no registro mercantil, os pactos e declarações antenupciais do empresário, além do título de doação, herança ou legado, de bens clausulados de incomunicabilidade ou inalienabilidade.

O artigo, contudo, não se refere à sanção (punição ou consequência normativa) correspondente à inércia no arquivamento e averbação da informação. Já o art. 980, partindo da mesma lógica, dispõe que "a sentença que decretar ou homologar a separação judicial do empresário e o ato de reconciliação não podem ser opostos a terceiros, antes de arquivados e averbados no registro público de empresas mercantis". Dessa maneira, ter-se-ia que o efeito da ausência do registro determinado pelo art. 979 do Código Civil seria o mesmo do artigo subsequente: a ineficácia do ato jurídico em relação a terceiros, contra os quais não poderia ser oposto, por não ter sido devidamente publicado.

No entanto, parece-nos que tal interpretação e, mesmo, a disposição inscrita no art. 980 do Código Civil são inconstitucionais no que se refere à pretensão de atribuir obrigações ao cônjuge ou ao ex-cônjuge que não são empresários e não estão submetidos ao mercado. Lembre-se de que tais atos foram realizados nos ambientes próprios, civis, sendo ali públicos: constam dos cartórios de registro de pessoas naturais. Assim, estar-se-ia transferindo para o cônjuge ou ex-cônjuge uma obrigação registral que não é sua, mas do empresário.

Não é o único elemento constitutivo da inconstitucionalidade apontada. Ainda pior é observar que aquela norma e interpretação acabaria por transferir para um terceiro obrigações jurídicas que lhe são estranhas, ou seja, que para si são *res inter alios acta*. O cônjuge casado em separação de bens (sem arquivamento e averbação do pacto e declarações antenupciais) ou o ex-cônjuge (cuja sentença não tenha sido arquivada e averbada) teriam que suportar as obrigações do empresário (seu cônjuge ou ex-cônjuge), apesar de distintos serem seus patrimônios ou de já terem sido objeto de decisão judicial de partilha. Uma iniquidade que, por certo, alcançará apenas as pessoas de boa-fé, ao passo que todos os que agirem de má-fé, como terão urdido cuidadosamente suas operações, não se esquecerão de pronta e imediatamente arquivarem e averbarem pactos, declarações e sentenças.

> O art. 980 do Código Civil determina que sejam arquivados e averbados, no registro mercantil, a sentença que decretar ou homologar a separação civil ou divórcio do empresário, bem como o ato de reconciliação, estabelecendo que, antes desta publicação, tais atos não podem ser opostos a terceiros.

Inconstitucional, ainda, nos parece, por romper com a dignidade da pessoa humana (art. 1º, III, da Constituição da República), submetendo-a a uma situação *kafkiana*, angustiante, injusta (ver, ainda, art. 3º, I, da Constituição). Ainda por criar injustificada desigualdade perante a lei (art. 5º, *caput*) e por desrespeitar o princípio da legalidade (art. 5º, II), já que tanto a escritura pública na qual se registram pactos ou declarações antenupciais, quanto o registro de casamento, onde se registram a separação e/ou o divórcio, são públicos.

Ademais, a separação e o divórcio são fruto de procedimentos estatais, afastando a alegação de fraude. Cria, ainda que por interpretação analógica, uma obrigatoriedade de associação não desejada (desrespeitando o art. 5º, XX), desrespeita a garantia do direito de propriedade (art. 5º, XXII), além de criar uma lesão de direito à qual não poderia haver provimento judicial reparador, desatendendo ao art. 5º, XXXV. É o próprio empresário, ou sócio de sociedade empresária, quem deve sofrer as consequências – inclusive sanções – da recusa em atender ao comando legal de arquivamento e averbação daqueles atos jurídicos, nunca um terceiro (o cônjuge beneficiário do pacto ou declaração antenupcial ou o ex-cônjuge, separado judicialmente ou divorciado).[1]

4 Administração do patrimônio empresarial

De acordo com o art. 1.647 do Código Civil, excetuando-se a hipótese de casamento pelo regime de separação absoluta dos bens, nenhum dos cônjuges pode, sem autorização do outro, (1) alienar ou gravar de ônus real os bens imóveis; (2) pleitear, como autor ou réu, acerca desses bens ou direitos; (3) prestar fiança ou aval; (4) fazer doação, não sendo remuneratória, de bens comuns, ou dos que possam integrar futura meação. Pretende o legislador, assim, proteger o patrimônio comum do casal, sempre que os cônjuges optarem por regimes de casamento que constituem essa comunhão, total (comunhão universal) ou parcial (comunhão parcial ou regime de participação final nos aquestos). A ausência da autorização do outro cônjuge (marital ou uxória) conduz à anulabilidade do ato, como se afere do art. 1.649 e seguinte do Código Civil.

O legislador entendeu que tal norma poderia criar entraves à boa condução das atividades negociais, razão pela qual preferiu retirar a empresa dessa regra da atuação jurídica comum do casal, facilitando sua administração. Assim, o art. 978 do Código Civil permitiu ao empresário casado alienar os imóveis que integrem o patrimônio da empresa ou gravá-los de ônus real, sem necessidade de outorga conjugal, qualquer que seja o regime de bens do casal. Essa solução, por certo, subverte o comum das relações patrimoniais havidas no âmbito do casamento, quando não se tenha uma separação total dos bens. Presume, todavia, uma nítida separação da empresa, na sua qualidade de *coletividade de bens, direitos e obrigações*, ou, ainda, de patrimônio especificado. Afinal, a licença legal somente alcança bens e direitos incluídos nesse patrimônio especificado: a empresa.

Em se tratando de empresário individual, essa divisão se dá no plano do patrimônio da pessoa natural, do qual a empresa é uma parte, titularizada pela pessoa natural.

---

1 MAMEDE, Gladston. *Direito empresarial brasileiro*: empresa e atuação empresarial. 3. ed. São Paulo: Atlas, 2009. v. 1. p. 116-117.

> O empresário não precisa de autorização ou outorga conjugal para praticar atos negociais. Pode mesmo alienar os imóveis que integram o patrimônio empresarial ou gravá-los de ônus real, independentemente de outorga conjugal (art. 978 do Código Civil).

Entrementes, se a regra do art. 978 do Código Civil é extremamente simples em se tratando de sociedades empresárias, afastando a interferência do cônjuge da administração societária, mesmo quando implique a prática de qualquer dos atos listados no art. 1.647, I, do Código Civil, em se tratando de empresário individual (pessoa natural que titulariza uma empresa), uma dificuldade se coloca. A solução seria recorrer à escrituração contábil do patrimônio especificado, que é de manutenção obrigatória pelo empresário (art. 1.179 do Código Civil). Ainda assim, a previsão recomenda cautela por ser contestável, mormente em face da ausência de uma afetação formal do patrimônio empresarial, o que, por certo, facilitaria sua aplicação.

É preciso estar atento para o fato de que a licença do art. 978 do Código Civil alcança expressamente o inciso I do art. 1.647 do Código Civil e, implicitamente, o inciso II, dispensando a presença do cônjuge para pleitear, como autor ou réu, acerca de bens imóveis e direitos a eles referentes. Não alcança, devo frisar, os outros dois incisos do art. 1.647, em nada referidos (expressa ou implicitamente) pelo dispositivo. Dessa forma, mantém-se o direito do cônjuge de pleitear a anulação do aval e da fiança por ele não autorizados, bem como da doação de bens comuns, ou dos que possam integrar futura meação, não sendo remuneratória (dação em pagamento, conforme o art. 356 e seguintes do Código Civil).[2]

5 Interdição

Para registrar-se como empresário, a pessoa deverá estar no pleno gozo da capacidade civil, segundo o art. 972 do Código Civil. Se o em-

---

2   MAMEDE, Gladston. *Direito empresarial brasileiro*: empresa e atuação empresarial. 3. ed. São Paulo: Atlas, 2009. v. 1. p. 115-116.

presário, já inscrito, é interditado, ou se um incapaz recebe a empresa por herança ou doação, o art. 974 do Código Civil permite-lhe continuar a empresa antes exercida, desde que por representante, se absolutamente incapaz, ou devidamente assistido, se relativamente incapaz, se assim autorizar o judiciário.

	• encerramento e liquidação da empresa; o saldo incorpora-se ao patrimônio do incapaz
Interdição do empresário	• transferência da empresa para terceiro; o valor da cessão incorpora-se ao patrimônio do incapaz
	• autorização judicial para prosseguimento da atividade empresarial

Se o empresário for interditado (ou se a empresa for transferida a um incapaz), três soluções se mostram possíveis: (1) o encerramento das atividades da empresa, com apuração de seus haveres e baixa da inscrição do empresário, sendo que, caso suas faculdades e créditos (seu patrimônio ativo) não sejam suficientes para fazer frente a suas obrigações (seu patrimônio passivo), poderá ser declarada a sua falência; (2) a transferência da empresa a terceiro, mediante autorização judicial para tanto, sendo o montante apurado com a transferência incorporada ao patrimônio do incapaz; (3) a manutenção das atividades da empresa, como previsto pelo art. 974 do Código Civil, que condiciona a hipótese à autorização judicial.

Como se trata de direitos de incapazes, qualquer das soluções anteriores passa pelo judiciário, ouvido o Ministério Público (art. 178, II, do Código de Processo Civil); de fato, tutores e curadores agem na dependência da autorização judicial, como se afere dos arts. 1.740 a 1.762 e 1.782 do Código Civil. A questão será submetida ao judiciário por meio de requerimento que atenda ao art. 720 do Código de Processo Civil, nomeadamente no que se refere à instrução da pretensão apresentada (encerramento das atividades, transferência da empresa a terceiro ou continuidade da empresa) e pedido de intimação do Ministério Público para intervir no feito.

O judiciário, ouvido o Ministério Público, avaliará as circunstâncias e os riscos da empresa, bem como a conveniência em continuá-la, como determinado pelo art. 974, § 1º, do Código Civil, e sempre tendo em vista o interesse do incapaz. Se for positiva a avaliação, a autorização será concedida, ficando o curador na administração da empresa, estando obrigado a prestar contas ao judiciário, para o que servirão os arts. 1.756 e 1.757 do Código Civil; excetua-se a hipótese do cônjuge, casado pelo regime de comunhão de bens, que seja nomeado curador, por força do art. 1.783 do Código Civil.

A autorização para a continuidade da empresa implica a alteração da inscrição comercial. A interdição será anotada, junto com a autorização para continuidade da empresa e a indicação do representante ou assistente a quem caberá o uso da nova firma ou a assistência do incapaz no seu uso. Note-se que, para respeitar a proteção que o legislador civil confere aos direitos e interesses do incapaz, o art. 974, § 2º, do Código Civil instituiu uma hipótese de limitação de responsabilidade do patrimônio pessoal do empresário incapaz pelas obrigações oriundas da empresa, em situação análoga ao *estabelecimento individual de responsabilidade individual*, já reconhecido pelo direito europeu.

Assim, diz o art. 974, § 2º, do Código Civil, "não ficam sujeitos ao resultado da empresa os bens que o incapaz já possuía, ao tempo da sucessão ou da interdição, desde que estranhos ao acervo daquela, devendo tais fatos constar do alvará que conceder a autorização". Para preservar os direitos e os interesses legítimos de terceiros, a condição de empresário *incapaz autorizado* deverá constar do registro da firma, dando publicidade ao limite patrimonial decorrente de tal situação. Se não constar, o terceiro prejudicado poderá pretender a responsabilização daquele (representante ou assistente, judiciário ou junta comercial) diretamente responsável pela omissão, aplicados os arts. 186 e 927 do Código Civil.

O uso da firma – e com ela, a administração da empresa – caberá, como visto, ao representante do incapaz ou ao próprio incapaz, devidamente assistido, como se afere do art. 976, parágrafo único, do Código Civil. Pode ocorrer, no entanto, de o curador estar impedido para ser empresário. O próprio Código Civil, em seu art. 1.011, § 1º, lista algumas situações que impedem a inscrição como empresário ou, no âmbito das sociedades empresárias, impedem que a pessoa seja escolhida como administradora da empresa. Em primeiro lugar, colocam-se diversas situações específicas de condenação em processo penal, são elas: (1) crimes cuja pena vede, ainda que temporariamente, o acesso a cargos públicos; (2) condenados por crime falimentar; (3) condenados por crime de *prevaricação*: agentes públicos que, indevidamente, não praticaram, ou demoraram a praticar, ato cuja iniciativa lhes competia, bem como os agentes que praticaram atos contra lei expressa, para satisfazer interesse pessoal, ou apenas para satisfazer sentimento próprio, como paixão, ódio, vingança etc.; (4) condenados por crime de *suborno* (também chamado de peita), vale dizer, por *corrupção ativa*: oferecer ou prometer vantagem indevida a funcionário público, para determiná-lo a praticar, omitir ou retardar ato de ofício; (5) condenados por crime de *concussão*: o agente público que exige vantagem indevida, para si ou para outra pessoa, direta ou indiretamente, ainda que fora da função ou antes de assumi-la, mas em razão dela; (6) condenados por *peculato*, que é o crime praticado pelo funcionário público que se apropria de dinheiro, valor ou qualquer outro bem móvel, público ou particular, de que tem a posse em razão do cargo, ou o desvia, em proveito próprio ou alheio; (7) condenados por crime contra a economia popular, contra o sistema financeiro nacional, contra as normas de defesa da concorrência, contra as relações de consumo, a fé pública ou a propriedade, enquanto perdurarem os efeitos da condenação. Para além desses casos, outros há, dispostos em legislações específicas, sendo relevante citar os seguintes: (1) *magistrados*; (2) *membros do Ministério Público*; (3) *servidores públicos*; (4) *militares da ativa*; (5) *o falido*, se não forem declaradas extintas suas obrigações; (6) *estrangeiros com visto temporário*.

Se o representante ou assistente estiverem impedidos para o exercício da atividade de empresário, deverá informar tal situação ao judiciário, indicando uma ou mais pessoas para atuar como gerente. Aprovando a indicação, o judiciário a ratificará, passando o gerente ao uso da firma, isoladamente, se incapacidade absoluta, ou em conjunto com o relativamente incapaz, sempre sob a vigilância do representante ou assistente que, embora impedido, conserva sua responsabilidade pelos atos do gerente ou gerentes nomeados, *ex vi* do art. 975, § 2º, do Código Civil. O § 1º desse artigo permite ao judiciário, em todo o caso em que entender conveniente, nomear um gerente, afastando o representante ou assistente da administração da empresa; nessa hipótese, porém, não há falar em responsabilidade do representante ou assistente pelos atos do gerente ou gerentes nomeados, já que concretizada à sua revelia.

A autorização é sempre precária, ou seja, o judiciário pode, a qualquer momento, revogá-la, ouvindo o curador ou tutor do incapaz, como estipulado pelo art. 974, § 1º, do Código Civil. Revogada a autorização, deverá a decisão determinar se a empresa terá suas atividades encerradas, com apuração de seus haveres e baixa da inscrição do empresário, ou se será transferida a terceiro, incorporando-se o valor da transação ao patrimônio do incapaz. Em ambos os casos, no entanto, preservam-se os direitos adquiridos por terceiros que tenham estabelecido relações com a empresa enquanto autorizada a funcionar.[3]

6 Falecimento

Falecendo o sócio empresário, a empresa submete-se à regra do art. 1.784 do Código Civil, transmitindo-se, de pronto, aos herdeiros legítimos e testamentários. Se há uma pluralidade de destinatários, entre meeiro(a) e herdeiros, ter-se-á um problema, certo que não é possível estabelecer um condomínio da empresa (embora seja possível o *condomínio* – ou, melhor, a *cotitularidade* – de quota societária). Portanto, ou a empresa é titularizada por uma única pessoa natural (empresário) ou por uma sociedade na qual se abrigará uma coletividade de pessoas (sócios).

Num primeiro momento, enquanto se providencia o inventário do patrimônio do *de cujus*, admitir-se-á que a empresa seja titularizada por seu espólio, sendo administrada pelo inventariante. Ao longo do inventário, contudo, será preciso resolver o problema criado com a abertura da sucessão, havendo quatro soluções possíveis:

1. O encerramento das atividades da empresa, com liquidação de seu patrimônio e baixa da inscrição do empresário. Esse procedimento pode conduzir a três cenários diversos:

---

3 Conferir MAMEDE, Gladston. *Direito empresarial brasileiro*: empresa e atuação empresarial. 3. ed. São Paulo: Atlas, 2009. v. 1. p. 105-107.

a) se da liquidação restarem créditos a pagar, serão eles satisfeitos pelo restante do patrimônio econômico do *de cujus*, até o limite de suas forças;

b) se a totalidade do patrimônio do *de cujus* não for suficiente para satisfazer o passivo, o inventariante deverá pedir a falência do empresário morto;

c) havendo saldo positivo, será ele dividido entre os herdeiros, conforme o direito de cada um e segundo o que se estipular no inventário[4] ou estiver legitimamente estipulado no testamento.

2. A transferência da empresa a terceiro, sendo o montante (apurado com a transferência) dividido entre os herdeiros, uma vez mais conforme o direito de cada um e segundo o que se estipular no inventário ou estiver legitimamente estipulado no testamento.

3. A destinação da empresa, no inventário, a um único herdeiro que, portanto, manter-se-á como empresário individual, sucessor do *de cujus* na titularidade da atividade.

4. A instituição de uma sociedade empresária entre os herdeiros, cada qual recebendo o número de quotas ou ações correspondente ao seu direito à herança (legal e/ou testamentariamente definido) e o que se ajustar no inventário. Nesta última hipótese, a integralização do capital com as partes devidas a cada qual na partilha, cumprindo o formal de partilha a função de documento hábil à transferência da coletividade de bens (inclusive imóveis, se houver), dispensando o uso da escritura pública.[5]

---

4   Lembrando-se não ser obrigatório que todos tenham igual participação em todos os bens do espólio. Um herdeiro pode preferir ficar com a totalidade de um imóvel, por exemplo, deixando o dinheiro apurado na apuração de haveres para outro(s).

5   Conferir MAMEDE, Gladston. *Direito empresarial brasileiro*: empresa e atuação empresarial. 3. ed. São Paulo: Atlas, 2009. v. 1. p. 109-111.

3

Sociedades

1 Sociedades simples e empresárias

Situação mais complexa e desafiadora é oferecida pelo ambiente corporativo. Afinal, como se demonstrará neste capítulo e, em seguida, adiante, estruturas societárias são resultado de uma arquitetura normativa: nos limites da Constituição e das leis, atos constitutivos são normas individuais que dão expressão a situações bem próprias, ampliando o grau de complexidade dos cenários postos ao exame e investigação. Basta recordar que, na maioria das vezes, a propriedade partilhável é constituída pelos títulos societários: quotas (sociedades contratuais) ou ações (sociedades estatutárias), havendo ainda que enfrentar a questão da existência de outros sócios.

De fato, são distintas as ideias de ser humano e de pessoa. A ideia de ser humano é um conceito biológico e pessoa é um conceito jurídico que indica o sujeito com personalidade jurídica, podendo titularizar direitos e deveres. Todos os seres humanos são pessoas, mas também pessoas são os entes institucionais criados em conformidade com o sistema jurídico, a exemplo de associações, fundações, sociedades, autarquias etc. São as chamadas pessoas jurídicas, ou pessoas morais, ou entes de existência ideal, na expressão de Augusto Teixeira de Freitas.

Interessam ao presente trabalho, por óbvio, as pessoas jurídicas de direito privado, nomeadamente as sociedades, vez que, ao menos em tese, não há falar em partilha de participações em associações ou fundações. Dizemos ao menos em tese porque a história recente do país registra operações heterodoxas (*sic*!) com associações, a exemplo da extinta Bovespa, e com fundações, nomeadamente as que se ocupam de estabelecimento de ensino, em condições assustadoramente próximas às cessões próprias das sociedades (simples e empresárias). Pouco se pode falar ou teorizar a respeito delas, vez que, há muito, vivemos num ambiente de desconformidades jurídicas pontuais que, por falta da declaração de ilicitude por parte do judiciário, acabam se concretizando e, assim, desafiam o sistema. Noutras palavras, uma expansão para os sítios jurídicos do jeitinho brasileiro. Dizer mais seria desnaturar a função deste livro.

Em suma, a pessoa jurídica que nos interessa é a sociedade, simples ou empresária. Se bem que a elas se deve somar outra figura jurídica: a Eireli – empresa individual de responsabilidade limitada. Cuida-se de uma figura jurídica canhestra, mal-ajambrada, fruto da péssima qualidade legislativa brasileira: transformar o estabelecimento individual de responsabilidade limitada (EIRL) do direito português (Decreto-Lei 248/86), resultado de afetação patrimonial, numa pessoa jurídica *sui generis* de compreensão difícil em relação aos detalhes e à regência em sua completa envergadura. O resultado é um *monstrum vel prodigium* assustador, mas que caiu na graça da sociedade brasileira justo pela afirmação de defeitos confortáveis: uma informalidade perigosa e que, sim, pode levar a graves problemas em hipóteses de insolvência.

A situação ficou ainda mais confusa com a instituição da sociedade limitada unipessoal, ou seja, da previsão legal de que a sociedade limitada pode ter um só quotista. A Eireli sobrou ali, como algo meio lá, meio cá, pessoa jurídica que não é sociedade, além de se beneficiar, como já dito, de um informalismo decorrente da má redação legal. Há quem veja, nesse informalismo, uma vantagem, pois facilita a constituição e condução. Pode se tornar um grande desafio para a defesa do limite patrimonial em face justamente da clareza no regime concreto de regência dos atos empresariais e a comprovação de sua distinção em relação aos atos pessoais.

No âmbito do casamento e das relações afetivas não solenes (convivências hetero ou homoafetivas), o grande desafio é oferecido pelas sociedades, razão pela qual lhe atribuiremos todo um capítulo. Esse desafio se coloca em planos diversos: em primeiro lugar, os efeitos sobre a sociedade afetiva – e seu eventual patrimônio comum – de um ou mais de seus membros ser sócio de uma ou mais sociedades. Em segundo lugar, a possibilidade de utilizarem sociedades para fraudar a partilha de bens do patrimônio comum. Será preciso, portanto, debruçar-se sobre o tema com cautela e atenção.

O art. 982 do Código Civil divide as sociedades em dois tipos: *empresárias* e *simples*. São *empresárias* as sociedades que têm por objeto o exercício de atividade própria de empresário sujeito a registro, conforme a previsão anotada nos arts. 966 e 967 do Código Civil; as demais são consideradas sociedades simples. A grande nota distintiva da sociedade simples seria a inexistência de uma organização de bens materiais e imateriais (intelectuais), bem como de recursos humanos, voltada para a produção sistemática de riqueza. É o que se passa com sociedades em que se verifica, essencialmente, trabalho autônomo, não organizado, desempenhado por cada um dos sócios sem conexão maior com a atuação dos demais. São assim as sociedades de profissionais liberais, nas quais cada sócio desempenha, isolada e independentemente, o objeto social, com sua própria clientela. A sociedade de advogados é um exemplo de sociedade simples *ex vi legis*, já que tal característica é determinada pelo Estatuto da Advocacia e da Ordem dos Advogados do Brasil (OAB); trata-se, em conformidade com o art. 983 do Código Civil, de sociedade simples constituída sob a forma de sociedade em nome coletivo.

Essa divisão, tendo por referência a estrutura – empresarial ou não – da atividade, encontra uma exceção no parágrafo único daquele art. 982, tomada pelo tipo societário: as sociedades por ações são consideradas empresárias; a sociedade cooperativa é considerada simples. Em ambos os casos, a força excepcionadora de tal norma torna indiferente a estrutura existente em concreto. É uma definição legal que, obviamente, faz pouco da realidade: botecos e baiucas tocadas por um par de sujeitos são considerados empresas, se registrados na junta comercial. Grandes bancas de advocacia não o são, nem podem ser. Cooperativas de laticínios têm toda a estrutura empresarial, mas não são empresas por força de lei: são sociedades simples, ainda que registradas nas juntas comerciais.

Sociedades simples	– sociedade simples em sentido estrito – sociedade em nome coletivo – sociedade em comandita simples – sociedade limitada – sociedade cooperativa
Sociedades empresárias	– sociedade em nome coletivo – sociedade em comandita simples – sociedade limitada – sociedade anônima – sociedade em comandita por ações

As sociedades empresárias deverão adotar um dos tipos societários anotados nos arts. 1.039 a 1.092 do Código Civil: (1) sociedade em nome coletivo; (2) sociedade em comandita simples; (3) sociedade limitada; (4) sociedade anônima; e (5) sociedade em comandita por ações. Já as sociedades simples, por força do art. 983 do Código Civil, poderão ser constituídas sob as seguintes formas: (1) sociedade simples (sociedade simples *em sentido estrito* ou *comum*, regulada pelos arts. 997 a 1.038 do Código Civil); (2) sociedade em nome coletivo; (3) sociedade em comandita simples; (4) sociedade limitada; e (5) sociedade cooperativa. As sociedades em comandita (simples ou por ações) são quase inexistentes no Brasil. Entre as sociedades simples, as mais comuns são a sociedade em nome coletivo, sociedade limitada e a sociedade cooperativa. Entre as sociedades empresárias, as mais comuns são a sociedade limitada e a sociedade anônima.

O tipo societário tem grande reflexo sobre a estrutura jurídica de uma atividade negocial. Compreender sua arquitetura jurídica em tese (tal qual definida em lei e trabalhada pela doutrina) é o primeiro passo para a investigação do que se passa com a atividade negocial e com o seu patrimônio. Mas melhor será compreender um pouco mais sobre tais estruturas jurídicas, em tese, para formar uma base sólida de compreensão do contexto em que construiremos nossa investigação.

2 Registro

Com a constituição de uma sociedade, cria-se um novo ator no cenário das relações jurídicas. A sociedade é uma pessoa e, nessa condição, é absolutamente distinta das pessoas de seus sócios. Isso cria alguma dificuldade para quem não traz uma compreensão conceitual correta, uma compreensão jurídica. No cotidiano ordinário, o mais comum é que as pessoas tomem como sendo do sócio (majoritário, administrador ou não) bens da sociedade que ele usa. Um erro grave.

– Essa loja é minha! – diz o sócio controlador e administrador.

– Não! Não é – esclarece, chato, o professor de direito. Essa loja e tudo o que está nela é da Exemplo Ltda.; suas são as quotas que titulariza dessa sociedade. Mas a loja não é sua. Nem ela, nem nada que está aí.

Não raro, o que se leva a um escritório de advocacia nada mais é do que o resultado de confusões como essa. Justamente por haver uma personalidade própria, tornando distinta a sociedade da pessoa de seus membros (sócios e administradores), haverá igualmente um patrimônio que corresponde à pessoa jurídica (a sociedade), em nada se confundindo com o patrimônio correspondente aos sócios. As relações jurídicas da sociedade lhe dizem respeito e não aos sócios. As relações jurídicas dos sócios são próprias, embora entre elas esteja a titularidade das quotas ou ações da sociedade .

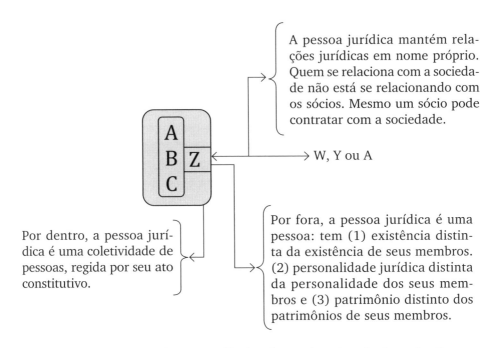

Ora, como patrimônio em direito é a *universitas iuris*, vale dizer, o conjunto de relações jurídicas, *positivas* (também ditas *ativas*, para traduzir *direitos, faculdades, créditos*) e *negativas* (ainda ditas *passivas*, traduzindo *deveres, obrigações, débitos*), fica claro que os direitos da pessoa jurídica não se confundem com os direitos de um, alguns ou todos os sócios, regra que se aplica igualmente aos deveres. Portanto, se a sociedade é proprietária de um imóvel, o sócio não tem direito a ele; se a sociedade é devedora de determinada importância, é dela, e não do sócio, que se deve cobrar o valor, embora haja normas específicas de responsabilidade subsidiária, a exemplo da sociedade em nome coletivo: é possível que o credor da obrigação, não conseguindo receber da sociedade, acione os seus sócios pela obrigação *daquela*. Isso não quer dizer que a obrigação seja, em sentido estrito, do sócio; é *subsidiariamente* do sócio. Se a sociedade tem condição patrimonial para fazer frente à obrigação, não se pode exigi-la do sócio.

- A pessoa jurídica tem personalidade jurídica distinta da personalidade das pessoas que a compõem (sócios e administradores).
- A pessoa jurídica tem patrimônio distinto do patrimônio das pessoas de seus sócios e administradores.

> → As relações jurídicas da sociedade, ainda que atue representada por administrador, dizem-lhe respeito e não os seus sócios e administradores.
>
> → As relações jurídicas dos sócios e dos administradores são estranhas à sociedade, salvo a relação de titularidade de quotas ou ações; mas sócios podem manter relações (p. ex., contrato) com a sociedade.
>
> → A titularidade de quotas ou ações implica direitos e deveres de duas ordens: sociais e patrimoniais.

- A pessoa jurídica tem existência própria, distinta da existência de seus membros.

  > → Membros continuam a existir se a sociedade se extingue (dissolução ou falência); a sociedade continua a existir se um, alguns ou todos os sócios se extinguirem (morte, dissolução ou falência).

Embora elementares, nesses três princípios estão encerradas a origem de boa parte das confusões e mal-entendidos que ecoam nas paredes dos escritórios de advocacia. Reclamações turtuveadas, lamúrias sinceras, pensamentos indizíveis, prelúdios de ideias, acusações vulgares e quanto mais, numa lista que não se cura. Tudo nascido de uma ignorância de raiz: tomar por pessoal o que é societário; tomar como próprio o que é de uma pessoa jurídica (e está submetido às regras do direito societário). Algo que se perdoa no leigo, mas não se admite nos que lidam com o direito e deve prevalecer pela força da sabença.

É preciso ter redobrada atenção para diferenciar a pessoa natural da pessoa jurídica que componha, que controle, que administre. É preciso ter redobrada atenção para tais relações. São territórios de dúvida, mas, por igual, territórios propícios para o engodo, a busca ilícita de blindagem, de engenharias heterodoxas que, sim, podem impactar na aparência jurídica das relações e, nisso, engendrar caminhos para lesar terceiros. Por isso o universo do direito societário é tão atraente.

A criação e existência de uma pessoa jurídica de direito privado é escrituralmente assinalada. Para tanto, são legalmente definidos órgãos de registro com competência e poder para o registro de determinadas pessoas. A existência da pessoa jurídica (associação, sociedade ou fundação) principia, de acordo com o art. 45 do Código Civil, quando seu ato de constituição é levado ao registro respectivo, ou seja, aquele que é competente para tanto, de acordo com a lei. Também, nesse registro serão averbadas todas as alterações jurídicas a que seja submetida a pessoa jurídica.

No caso das sociedades simples, o registro deverá ser feito nos cartórios de registro civil, excetuadas as cooperativas, por força do que se encontra disposto na legislação específica, bem como na Lei 8.934/1994. As cooperativas, assim como as sociedades empresárias, são registráveis nas juntas comerciais. Há, ainda, algumas normas específicas e excepcionais, a exemplo da Lei 8.906/1994 (Estatuto da Advocacia e da Ordem dos Advogados do Brasil), a estabelecer regras específicas, como a competência da OAB para o registro das sociedades de advogados.[1]

- Sociedades simples registram-se em cartórios de registro de pessoas jurídicas e ali serão obtidas as informações de arquivamento obrigatório.
  - → Apesar de serem definidas, por lei, como sendo sociedades simples, as sociedades cooperativas registram-se nas juntas comerciais.
- Sociedades empresárias registram-se nas juntas comerciais e ali serão obtidas as informações de arquivamento obrigatório.

2.1 Atos constitutivos

O registro da sociedade se faz a partir do arquivamento de seus atos constitutivos, viu-se anteriormente. Nesse documento, está a base normativa de cada sociedade simples ou empresária. Sua importância é vital. O ato constitutivo é o primeiro elemento da dimensão escritural da pessoa jurídica; será um contrato social (nas chamadas sociedades contratuais: sociedade simples comum, sociedade em nome coletivo, sociedade em comandita simples e sociedade limitada) ou estatuto (associação, fundação, sociedade cooperativa, sociedade anônima ou sociedade em comandita por ações).

---

1 Conferir MAMEDE, Gladston. *A advocacia e a Ordem dos Advogados do Brasil*. 2. ed. São Paulo: Atlas, 2003. p. 139 ss.

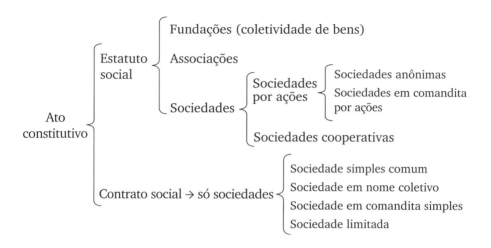

Embora haja diferenças marcantes entre os dois tipos de ato constitutivo (contrato social e estatuto social), o elementar é o seu papel normativo. A regência maior das sociedades é, sim, dada pela lei: são as normas de Estado que dão os limites da área em que uma pessoa jurídica poderá existir e de como poderá funcionar etc. Entretanto, o espaço aberto por tais limites legais é muito – e fascinantemente – amplo. Nele, cada ato constitutivo fará (pode fazer) recortes normativos específicos, vale dizer, criar uma arquitetura própria no amplo terreno licenciado pela legislação. Por exemplo, o ato constitutivo pode definir as relações entre os membros da entidade e, portanto, arbitrar os limites à atuação de cada qual, permitindo compor o regulamento pelo qual a pessoa jurídica resolverá seus "assuntos internos". Ali, no plano interno, vale dizer, das relações entre os sócios, não há personificação: há o acordo de vontades, o regulamento, o contrato que, no plano externo, será institucionalizado como *uma pessoa*.

Não é só. O ato constitutivo vai além das relações sociais (entre sócios) e avança (ou melhor, pode avançar) sobre assuntos patrimoniais, regulação da atuação negocial da sociedade e diversos outros temas. E tudo isso é público e está à disposição de qualquer um no registro público. Aliás, mais do que o ato constitutivo, o registro abrigará todo o histórico das evoluções experimentadas pelo contrato social ou pelo estatuto da sociedade, constituindo, portanto, um meio por excelência para a investigação dos eventos societários que, para que tenham eficácia em relação a terceiros, devem estar registrados.

46 Divórcio, Dissolução e Fraude na Partilha de Bens • *Mamede e Mamede*

Nesse contexto, esteja-se atento à regra anotada no art. 36 da Lei 8.934/1994 e no art. 1.151, § 2º, do Código Civil: se os documentos forem apresentados a arquivamento na junta comercial dentro de trinta dias contados de sua assinatura, os efeitos do arquivamento retroagirão à data de assinatura. Somente se forem protocolados fora desse prazo, os efeitos se produzirão a partir da data do despacho que deferir o arquivamento. Tal regra encerra uma presunção meramente relativa de veracidade, a justificar a retroação dos efeitos do arquivamento; mas é lícito aos prejudicados comprovar que a data não está correta. De qualquer sorte, a limitação ao trintídio é, por si só, um fator de controle. De fato, seja pela probabilidade da fraude, seja pela preservação da boa-fé de terceiros, a regra da produção retroativa dos efeitos do arquivamento, à data do ato levado a registro, rompe-se após os trinta dias; os atos, apresentados após esse prazo, consideram-se eficazes, perante terceiros de boa-fé, a partir da data do despacho que deferir o arquivamento.

> Documentos societários que forem apresentados para arquivamento nos trinta dias subsequentes à sua assinatura têm seu efeito retrotraído para a data de assinatura.
>
> → Presunção relativa: comporta prova de que foram firmados noutra data.

Os direitos e interesses de terceiros, inclusive cônjuges e conviventes, também são protegidos pela previsão de que os documentos apresentados à junta comercial não podem conter emendas, rasuras e entrelinhas. Admite-se, porém, que contenham ressalva, isto é, no próprio corpo do instrumento pode-se escrever uma observação sobre o seu conteúdo, modificando-o. A ressalva deverá ser assinada por todos os que firmaram o documento particular, ou do tabelião, em se tratando de instrumento público.

2.2 Anulabilidade ou nulidade do registro

O registro da sociedade poderá ser anulado ou declarado nulo, reconhecendo o art. 1.034, I, que a anulação da constituição da sociedade é hipótese para a sua dissolução judicial. Embora o legislador, nos arts. 45, parágrafo único, e 1.034, I, do Código Civil, se refira apenas à anulabilidade, é de se reconhecer também a hipótese de nulidade, a merecer tratamento em separado.

A anulabilidade é fruto de um defeito no ato que o legislador considera menor, aceitando correção (sanação) que permitirá que o ato seja aproveitado, se assim o quiser aquele que poderia pedir a sua anulação. Justamente por isso, a ação que pede a anulação do registro, se provida, tem sentença com efeitos constitutivos: a atividade, que até então era válida, se tornará inválida em razão do *decisum*, embora se preservem os atos até então praticados. Efeitos *ex nunc*, via de consequência, vale dizer, efeitos que se produzem do processo para frente, quando a matéria se tornou litigiosa, como fica claro do art. 177 do Código Civil, para quem a anulabilidade não tem efeito antes de julgada por sentença, não se pronunciando de ofício. De acordo com o art. 179 do Código Civil, à falta de norma especial, o prazo de decadência para pedir a anulação de um ato jurídico é de dois anos, contados da data de sua conclusão; no que diz respeito ao pedido de anulação do registro de pessoas jurídicas, há norma especial, qual seja, três anos, contados da publicação de sua inscrição no registro respectivo, como se afere do art. 45, parágrafo único, do Código Civil, plenamente aplicável às sociedades.

O prazo decadencial de três anos, no entanto, aplica-se exclusivamente entre os próprios sócios; em relação a terceiros, por motivos como doação do cônjuge adúltero, fraude contra credores, entre outros, aplicar-se-ão os prazos específicos; por exemplo, para o credor, prejudicado com a fraude, quatro anos, aplicado o art. 178, II, do Código Civil. Para a hipótese de doação do cônjuge adúltero, dois anos após a dissolução da sociedade conjugal. São, em todas as hipóteses aqui estudadas, prazos decadenciais, frisa-se, a implicar inexistência de causas que impeçam, suspendam ou interrompam a prescrição, excetuada a incapacidade civil absoluta (fruto da combinação dos arts. 208 e 198, I, do Código Civil), além da impossibilidade de renúncia expressa ou tácita, permitindo, inclusive, reconhecimento judicial *ex officio*.

De outra face, colocam-se as hipóteses de nulidade. Os atos jurídicos podem apresentar defeitos gravíssimos, como tal alinhados expressamente pelo legislador, a torná-los juridicamente inaproveitáveis para qualquer finalidade: são nulos e "o que é nulo não produz nenhum efeito" (*quod nullun est, nullun producit effectus*). Não podem ser consertados, nem convalidados; desde o nascedouro, estavam absolutamente viciados, como assevera o art. 169 do Código Civil. Nem mesmo pelo decurso de tempo, a nulidade convalesce. Justamente por isso, declara-se a nulidade do ato, ou seja, a sentença tem efeitos *ex tunc*, isto é, desde quando o ato foi praticado. A gravidade do vício é tão grande, que se admite – como se lê no art. 168 do Código Civil e seu parágrafo único – que a nulidade seja pronunciada de ofício pelo judiciário, mesmo que as partes assim não queiram, podendo ser arguida por qualquer interessado e, até, pelo Ministério Público.

A nulidade do ato constitutivo conduz à nulidade do respectivo registro. As hipóteses são múltiplas, mas sempre alicerçadas em dispositivos legais expressos, o que é próprio das nulidades, diante de sua gravidade. É o que se passa com as hipóteses listadas no art. 166 do Código Civil: celebração do contrato de sociedade por pessoa absolutamente incapaz; definição de objeto social (de fins sociais) que seja ilícito, impossível ou indeterminado; se o motivo determinante da criação da sociedade, comum aos sócios, for ilícito; se não se respeitar a forma que foi prescrita em lei; se for preterida alguma solenidade considerada essencial pela lei, a exemplo da autorização, quando devida; se a constituição da sociedade tiver por objetivo fraudar a lei; diante de qualquer outra hipótese taxativamente contemplada como nulidade pela lei, ou mesmo diante de atividade que a lei proíba sem, no entanto, cominar qualquer sanção.

Também haverá nulidade do ato constitutivo, a prejudicar o registro, na existência de simulação, como tal entendido, segundo o art. 167, § 1º, do Código Civil, se: (1) seus atos constitutivos aparentarem conferir ou transmitir direitos a pessoas diversas daquelas às quais realmente se conferem, ou transmitem; (2) seus atos constitutivos contiverem declaração, confissão, condição ou cláusula não verdadeira; e (3) os instrumentos particulares forem antedatados, ou pós-datados. As hipóteses são múltiplas: haverá nulidade, por exemplo, se a constituição da sociedade que tem por objetivo simplesmente mascarar uma compra e venda de ascendente a descendente, sem autorização dos demais herdeiros necessários, como comandado pelo art. 496 do Código Civil; também haverá nulidade se os sócios listados no ato jurídico não forem os verdadeiros titulares das quotas ou ações, tendo os nomes indicados como quotistas ou acionistas[2] sido usados para ocultar a condição daqueles.

Não se pode, porém, esquecer o art. 170 do Código Civil, a estipular que se deverá aproveitar a parte boa do negócio jurídico em que há uma nulidade, se, expurgada a nulidade, subsistirem elementos que ainda correspondam à vontade das partes. Assim, a existência de um sócio absolutamente incapaz, que não foi representado por seu pai, tutor ou curador no ato constitutivo, pode determinar a nulidade apenas de sua adesão ao contrato de sociedade, se os demais sócios, capazes, pretendem conservar a sociedade que, entre si, foi validamente contratada.

3   Sociedades contratuais

Como se viu, as sociedades podem ser divididas em dois grandes grupos, tomando por referência o seu ato de constituição. O primeiro grupo são as sociedades contratuais (cujo ato constitutivo é um contrato social), com o capital dividido em quotas. O segundo são as sociedades estatutárias, também chamadas de institucionais, cujo capital está dividido em ações.

As sociedades contratuais têm por ato de constituição um *contrato de sociedade* ou *contrato social*, estabelecido entre os sócios; justamente por isso, o nome de todos os sócios consta do contrato e as alterações do corpo societário exigem alteração do próprio contrato social. É irregular, e não vale perante terceiros, a cessão de quotas sem alteração contratual devidamente arquivada no registro mercantil (sociedade empresária) ou civil (sociedade simples).

As sociedades contratuais podem ser simples ou empresárias; as simples poderão assumir as seguintes formas: sociedade simples (*em sentido estrito* ou *comum*), sociedade em nome coletivo e sociedade em comandita simples ou sociedade limitada; as sociedades empresárias contratuais poderão assumir a forma de sociedade em nome coletivo, sociedade em comandita simples ou sociedade limitada. A esmagadora maioria das

---

2   Comumente, tais pessoas que apenas emprestam os seus nomes, em negócios simulados (ditos negócios de fachada), são chamadas de "laranjas".

sociedades brasileiras é composta por sociedades contratuais, mais especificamente limitadas.

> Reconhece-se que as sociedades sejam contratadas *intuitu personae* ou *intuitu pecuniae*.
> - Sociedade *intuitu personae*: o foco do ajuste é a pessoa do sócio: o mútuo reconhecimento, mútua aceitação.
>   - → Os sócios devem expressamente aceitar um novo membro, respeitado o quórum do contrato (se silente, quórum legal).
> - Sociedade *intuitu pecuniae*: afere-se do contrato social que o foco está no aporte do capital; dispensa-se aceitação.

A ideia de contrato marca a estrutura, a existência e o funcionamento das sociedades por quotas (*sociedades contratuais*). As relações horizontais (dos sócios entre si) são marcantes: sócios são contratantes nas sociedades por quotas, diferentemente do que acontece nas sociedades por ações, que são institucionais (a exemplo do que ocorre com as associações, também pessoas jurídicas institucionais, não contratuais). Portanto, as cláusulas do contrato social definem obrigações de contratantes (sócios) para com os contratantes (sócios), além de outras questões, como já explicado.

Esse mútuo reconhecimento, aliás, pode marcar em maior ou menor grau as sociedades contratuais, aspecto que não passa despercebido ao direito. Assim, a doutrina faz uma distinção entre sociedades de pessoas (*intuitu personae*), que são aquelas nas quais se dá maior ênfase à pessoa dos sócios, ao seu mútuo reconhecimento e aceitação, e sociedades de capital (*intuitu pecuniae*), nas quais se dá menos importância para a identidade do sócio, dando maior atenção ao aporte de capital, permitindo livre circulação das quotas sociais.

No Código Civil, tal classificação não é explicitada, mas exsurge de diversas passagens voltadas à proteção das sociedades contratadas *intuitu personae*: o art. 1.002 prevê que o sócio não pode ser substituído no exercício das suas funções sem o consentimento dos demais sócios, expresso em modificação do contrato social; o art. 1.003 limita a eficácia da cessão total ou parcial de quota sem o consentimento dos demais sócios e a correspondente modificação do contrato social; o art. 1.026 não permite que as quotas da sociedade sejam transferidas ao credor do sócio, facultando-lhe apenas fazer recair a execução sobre o que a este couber nos lucros da sociedade, ou na parte que lhe tocar em liquidação; o art. 1.028 regula a sucessão na titularidade da quota ou quotas do sócio falecido.

Em regra, as *sociedades contratuais* ou *sociedades por quotas* são consideradas *sociedades de pessoas*. Essa situação é fruto da própria natureza contratual da constituição da pessoa jurídica. A todas elas se aplicam as regras protetivas da contratação *intuitu personae*, embora haja, em relação às limitadas, uma regra menos rígida: enquanto o art. 1.003 se refere à anuência *dos demais sócios* (unanimidade) para a aceitação de um novo sócio, o art. 1.057 do Código Civil prevê que o sócio tem o direito de ceder sua quota a estranho se não houver oposição de titulares de *mais de um quarto do capital social*. Ajustando que a sociedade será de capital, não haverá qualquer limitação; é o que se passa com as sociedades anônimas, nas quais a regra geral é a ampla circulação dos títulos societários (ações).

Como se verá adiante, a existência de sociedades *intuitu personae* constitui uma dificuldade na partilha de bens, já que o ex-cônjuge ou ex-convivente pode receber quotas e não ser aceito como sócio. Essa matéria será estudada adiante.

3.1 Contrato social

As sociedades contratuais são constituídas por meio de um instrumento de contrato, documento escrito que poderá ser particular ou público (escritura pública), sendo levado ao registro competente. Nesse instrumento, as partes registrarão as cláusulas que ajustarem entre si, devendo preencher os requisitos genéricos previstos no art. 46 do Código Civil, válidos para todas as pessoas jurídicas de direito privado, bem como os requisitos específicos do art. 997 do mesmo Código, válidos especificamente para as sociedades contratuais. Isso é válido tanto para as sociedades simples, cujo contrato será registrado no cartório de registro de pessoas jurídicas, quanto para as sociedades contratuais, registradas nas juntas comerciais.

São requisitos específicos dos contratos sociais: (1) nome, nacionalidade, estado civil, profissão e residência dos sócios, se pessoas naturais, e a firma ou a denominação, nacionalidade e sede dos sócios, se jurídicas; (2) denominação, objeto, sede e prazo da sociedade; (3) capital da sociedade, expresso em moeda corrente, podendo compreender qualquer espécie de bens, suscetíveis de avaliação pecuniária; (4) a quota de cada sócio no capital social e o modo de realizá-la; (5) as prestações a que se obriga o sócio, cuja contribuição consista em serviços; (6) as pessoas naturais incumbidas da administração da sociedade, seus poderes e atribuições; (7) a participação de cada sócio nos lucros e nas perdas; e (8) se os sócios respondem, ou não, subsidiariamente, pelas obrigações sociais.

Para além das cláusulas que atendam aos requisitos exigidos pelo legislador, os sócios poderão contratar quaisquer outras, desde que lícitas. É justamente nesse amplo espaço negocial, no qual os sócios podem ajustar livremente outras cláusulas que julguem adequadas, que a sociedade toma contornos especiais e específicos, merecendo estudo acurado, inclusive na hipótese de conflitos relativos à comunhão de quotas e ações. Ali se pode ajustar prévio consentimento para livre cessão, total ou parcial, de quotas, regras pertinentes à dissolução parcial, incluindo forma e prazo para o pagamento de quotas liquidadas, cláusula compromissória ou compromisso arbitral, forma pela qual os sucessores do sócio falecido exercerão os direitos sociais até a solução do inventário ou liquidação das quotas etc. O ajuste e a validade das cláusulas contratuais, instituídas facultativamente pelos sócios, submetem-se aos princípios gerais de direito, destacadas as normas de direito das obrigações e, nestas, a do direito dos contratos. Isso implica atenção redobrada à função social da contratação e, mais especificamente, da empresa, respeito à boa-fé e à probidade, proteção aos sócios minoritários etc.

O contrato social pode ser alterado pelos sócios, o que poderá ser realizado por instrumento particular ou público, independentemente da forma adotada na constituição da sociedade. Essas alterações precisam ser registradas, sendo que, se o pedido de seu arquivamento for feito no prazo de trinta dias, contado da data em que o documento está subscrito, os efeitos do registro retroagirão àquela data. Ultrapassado esse prazo, a alteração somente produzirá efeitos perante terceiros (inclusive o cônjuge e o convivente) a partir do deferimento do pedido para que sejam arquivadas. Essa regra busca impedir a ocorrência de fraudes.

3.2 Pactos em separado

Prevê o art. 997, parágrafo único, do Código Civil que não são eficazes em relação a terceiros os pactos que os sócios estabeleçam em separado, ou seja, aqueles constantes de documentos em apartado, contrários ao disposto no instrumento de contrato. Dessa regra, tiram-se duas situações: (1) os pactos parassociais que tenham conteúdo contrário ao contrato são ilícitos, na medida em que desrespeitam o ato constitutivo; (2) os pactos parassociais que tenham conteúdo que não contrarie o contrato social são ineficazes em relação a terceiros. Essa ineficácia, contudo, não traduz nulidade: o ajuste é válido entre os seus signatários, se não padecer de qualquer outro vício, mas apenas entre esses. Para os terceiros, será *res inter alios acta*. Dessa forma, busca-se proteger aqueles que não teriam como conhecer a existência de ajustes parassociais, à míngua do seu registro.

É nesse contexto que se coloca o tema do chamado "acordo de quotistas". É juridicamente possível que os sócios, no todo ou em parte, contratem entre si regras específicas para sua atuação societária, extraordinárias ao contrato social. Esse *acordo de quotistas* pode envolver apenas uma parte dos sócios ou, até, a sua totalidade, embora essa hipótese seja de aplicação prática mais rara. Essa convenção pode ter objetos diversos: preferência na transferência de quotas, por exemplo, mas também ajuste de voto nas reuniões ou assembleias: votar sempre em conjunto, votar determinada matéria (como a destinação dos lucros) de determinada forma, eleição de administrador societário, entre várias outras.

A rigor, tudo o que é lícito e compatível com o tipo societário adotado pode ser contratado em separado por dois ou mais quotistas. Essa licitude, contudo, não leva em conta apenas a Constituição e as leis; deve levar em conta também o contrato social: não é lícito ao sócio assumir determinada obrigação no contrato social e, ajuste apartado, estipular comportamento contrário, rompendo com o dever de *affectio societatis*, além de desrespeitar os princípios da *socialidade* (função social dos contratos), da *eticidade* (boa-fé) e da *moralidade* (probidade), aplicando-se à hipótese os arts. 113, 187, 421 e 422 do Código Civil.

A licença legal para o *acordo de quotistas* extrai-se do princípio da liberdade de contratar, do princípio da legalidade, da Lei 6.404/1976, bem como do art. 997, parágrafo único, do Código Civil, já que não veda pactos parassociais que sejam conformes ao contrato social. Sua validade e eficácia, em relação aos signatários, à coletividade dos sócios (signatários e não signatários) e à própria sociedade, depende de não afrontar determinações legais nem o contrato social. Se há afronta ao contrato social, o ato é ilícito, aqui também por ofensa aos arts. 187 e 422 do Código Civil, aos quais acrescentamos o art. 421. Com efeito, o pacto contrário ao (que nega, desrespeita o) contrato social constitui descumprimento contratual; é ato ilícito, desonesto (ímprobo), de má-fé, rompendo com a função social do contrato social (inclusive do acordo de quotistas), além de fugir, por completo, ao seu fim econômico e social.

Também não se admite que o *pacto parassocial* atente contra a sociedade, nem contra os direitos dos demais sócios, embora seja regular atingir-lhes os interesses, como o acordo de voto ou o pacto de preferência na cessão de quotas, entre outros. Justamente por isso, não é válido o acordo que tenha por objeto os deveres do sócio signatário, atentando contra suas obrigações sociais. Um exemplo clássico seria o acordo que prevê que os signatários se comprometem a sistematicamente aprovar as contas da administração. Ora, é dever do sócio examinar adequadamente as contas e sobre elas se manifestar não sob a perspectiva do interesse, mas por um dever de adequação, de verdade. Consequentemente, o acordo que tenha tal objeto não será válido.

Não se pode deixar de aproveitar a referência analógica oferecida pelo art. 118 da Lei 6.404/1976, o que nos conduz para um problema jurídico específico: a possibilidade de arquivamento do acordo de quotistas no registro mercantil ou na sede da sociedade contratual. As sociedades por ações, em face de seu caráter institucional, permitem iniciativas como essas, nos termos inscritos no § 1º do mesmo art. 118. Note-se que a Lei 8.934/1994, que dispõe sobre o registro público de empresas mercantis e atividades afins, prevê em seu art. 1º que o registro mercantil tem por finalidade dar garantia, publicidade, autenticidade, segurança e eficácia aos atos jurídicos das empresas mercantis. O legislador referiu-se genericamente a *atos jurídicos*, sem os limitar. Na sequência, o art. 2º diz que *os atos* das firmas mercantis individuais e das sociedades mercantis serão arquivados no registro público de empresas mercantis e atividades afins, *independentemente de seu objeto*, salvo as exceções previstas em lei. Assim, será possível arquivar e averbar o acordo de quotistas, caso no qual o ajuste será tornado público e, destarte, poderá ser oposto a terceiros.

De qualquer sorte, é preciso atentar para o fato de que o acordo cria obrigações para os seus signatários, não vinculando, marcando ou gravando as quotas respectivas. Dessa maneira, parece-nos, não vincula os sucessores, havendo sucessão em função de partilha, *inter vivos* (separação) ou *causa mortis* (herança). O ex-cônjuge ou ex-convivente do sócio, assim como seus herdeiros, se admitidos na sociedade, embora estejam obrigados a aderir ao contrato social, não estão obrigados a compreenderem-se como parte do *pacto parassocial*, cerceando os direitos sociais correspondentes às suas quotas. De outra face, sob o prisma patrimonial, em se tratando de sociedades *intuitu personae*, nas quais não sejam aceitos, na forma da lei e do contrato social, ou mesmo de sociedades nas quais sejam admitidos, não pode um *pacto parassocial* criar cerceamentos ilegítimos aos seus direitos patrimoniais. Embora o cônjuge ou convivente possa, na constância do casamento ou união, dispor sobre o patrimônio comum, não pode fazê-lo de forma a produzir limitações cujos impactos sejam experimentados exclusivamente por seu consorte, após a separação.

4   Sociedades estatutárias

Há diversas pessoas jurídicas que se fundam por meio de um estatuto social: associações, fundações e, no âmbito específico das sociedades, as sociedades por ações (sociedade anônima e sociedade em comandita por ações) e as sociedades cooperativas. São chamadas de *pessoas jurídicas institucionais* ou *estatutárias* e, nelas, o foco não é posto no acordo de vontade (contrato) estabelecido entre os sócios; seu foco é na instituição (a pessoa jurídica constituída) e não em membros que sequer estão listados no ato constitutivo, para além da referência àqueles que participaram de sua fundação. Assim, não há um reconhecimento e uma aceitação mútuos: os membros ingressam e saem sem que haja alteração no estatuto social, mas mera anotação em livro próprio. Essa particularidade torna mais fácil a ocorrência de fraudes, embora tais sociedades constituam uma pequena minoria na realidade brasileira.

Embora o estatuto social reflita o conjunto das normas que orientam a existência e o funcionamento da pessoa jurídica, não se apresenta como um contrato e não há reconhecimento mútuo obrigatório entre sócios: não é raro que os sócios não conheçam a totalidade dos outros sócios. Embora o estatuto social nomeie os fundadores, não lista todos os associados (nas associações), cooperados (nas cooperativas) ou acionistas (nas sociedades anônimas e sociedades em comandita por ações). As obrigações de cada associado ou sócio definem-se para com a instituição (a pessoa jurídica, associação ou sociedade) e não para com os demais sócios. Compreende-se, nesse sentido, a observação feita no art. 53, parágrafo único, do Código Civil, de que na associação não há, entre os associados, direitos e obrigações recíprocos.

Atualmente, são três os tipos de sociedades institucionais no direito brasileiro: as sociedades anônimas, as sociedades em comandita por ações e as sociedades cooperativas. Todas são registráveis na junta comercial e ali se irão encontrar seus atos constitutivos, entre outros atos que podem interessar a sócios e a terceiros. No entanto, as sociedades em comandita por ações são raríssimas, ao passo que a ocorrência de fraudes por meio de sociedades cooperativas é mais difícil, por sua própria estrutura jurídica, voltada mais para a atuação (o trabalho) do cooperado do que para a sua participação no patrimônio societário. Justamente por isso, nos concentraremos nas sociedades anônimas.

Quando os títulos de uma sociedade anônima estão admitidos à negociação no mercado de valores mobiliários, fala-se em companhia aberta. Já a companhia fechada é aquela cujos títulos não estão admitidos à oferta pública no mercado de valores mobiliários. Essa admissão é de responsabilidade da Comissão de Valores Mobiliários (CVM), órgão no qual se registram as companhias abertas; nenhuma distribuição pública de valores mobiliários pode ser efetivada no mercado aberto sem prévio registro na CVM. Tais restrições têm por objetivo óbvio proteger o grande público e todo o mercado brasileiro. Por isso, todo o mercado de valores imobiliários no Brasil está submetido à regulamentação e à fiscalização pela CVM, que pode, inclusive, classificar as companhias abertas em categorias, segundo as espécies e as classes dos valores mobiliários por elas emitidos e negociados no mercado, especificando as normas aplicáveis a cada categoria.

Assim, a CVM dita normas sobre informações que as companhias devem divulgar ao público, relatório da administração e demonstrações financeiras, padrões de contabilidade, relatórios e pareceres de auditores independentes, divulgação de fatos relevantes ocorridos nos seus negócios e muito mais. Seu poder de fiscalização inclui a faculdade de examinar e extrair cópias de registros contábeis, livros ou documentos, intimar pessoas para prestar informações (como contadores, auditores independentes, consultores e analistas de valores mobiliários etc.), bem como apurar e punir condutas fraudulentas no mercado de valores mobiliários. Isso torna muito mais difícil a prática de fraudes contra cônjuges e conviventes por meio de companhias abertas.

A admissão de uma companhia no mercado de valores mobiliários pode dar-se logo em sua criação ou, mesmo, posteriormente. Fala-se, em ambos os casos, em subscrição pública de ações, procedimento que se estudará adiante. Não se trata, porém, de situação irreversível: assim como se pode abrir o capital de uma companhia, pode-se fechá-lo, cancelando o registro para negociação de ações no mercado. Para tanto, a companhia e o sócio ou sócios que a controlam (mesmo sendo uma outra sociedade) deverão formular oferta pública para adquirir a totalidade das ações em circulação no mercado, por preço justo: ao menos igual ao valor de avaliação da companhia.

4.1 Estatuto social

Na sociedade anônima, também chamada de companhia, o capital social divide-se em ações; seus titulares são chamados de sócios acionistas ou, simplesmente, de acionistas. Ao subscrever ações de uma companhia, quando de sua criação, o sócio assume a obrigação de pagar o preço de emissão; a mesma obrigação tem aquele que adquiriu de terceiro ações cujo preço de emissão ainda não foi totalmente pago. No entanto, sua responsabilidade patrimonial limita-se àquele valor; uma vez integralizado o capital social correspondente às suas ações, o sócio não responderá (subsidiária ou solidariamente) pelas obrigações da sociedade.

A estrutura das sociedades institucionais estará delineada em seu estatuto social, que é aprovado quando da criação da sociedade, sendo levado à junta comercial, dando início à existência da pessoa jurídica. Ao contrário do que se passa com o contrato social, o estatuto não traz o nome dos sócios da empresa, mas apenas registra aqueles que estavam presentes à sua fundação, dispensando alterações quando haja cessão de ações e, com ela, da condição de sócio; essa transferência será feita em livro próprio. O estatuto, portanto, está longe de ser um contrato – devemos reiterar. É o regulamento no qual se registra a estrutura de existência e funcionamento da companhia, pensada como uma instituição que transcende, em muito, à pessoa de seus sócios, cuja transitoriedade chega a ser pressuposta.

O estatuto definirá, de modo preciso e completo, o objeto da companhia, que pode ser qualquer empresa de fim lucrativo, desde que não seja contrária à lei, à ordem pública e aos bons costumes. Esse objeto pode ser, inclusive, participar de outras sociedades, ou seja, atuar como uma sociedade – ou empresa – de participações, comumente chamadas de *holdings*: companhias constituídas para titularizarem quotas ou ações de outras sociedades. Note-se, porém, que também sociedades que tenham outros objetos sociais podem ter participações em outras sociedades, ainda que isso não esteja previsto no seu ato constitutivo. Essa titularidade de quotas ou ações de outras sociedades pode fazer-se por investimento (as quotas ou ações comporão o patrimônio da sociedade) ou, até, como meio de realizar seu objeto social, ou para beneficiar-se de incentivos fiscais.

4.2 Acordo de acionistas

É lícito aos sócios estabelecer entre si – todos ou apenas alguns – ajustes que os obrigam entre si, para além das normas dispostas no estatuto social da companhia. Habitualmente, esses acordos de acionistas têm por objeto a preferência na cessão de ações ou a previsão de que seus signatários votarão em conjunto nas eleições para cargos da administração, permitindo o exercício do controle societário. Qualquer matéria que não desrespeite a lei e/ou o estatuto pode ser contratada entre os sócios, sendo que tal negócio pode, mesmo, ser judicialmente executado.

Quando o acordo tenha por objeto (1) a compra e venda de ações; (2) preferência para adquiri-las; (3) exercício do direito a voto; ou (4) exercício do poder de controle da companhia, os acionistas poderão requerer que sejam arquivados na sede da sociedade, com o que deverão ser observados pela companhia. Assim, havendo uma votação, o presidente da assembleia ou do órgão colegiado de deliberação não computará voto proferido com infração a acordo de acionistas, devidamente arquivado. Se um dos signatários não comparece à assembleia ou às reuniões dos órgãos de administração da companhia, quando está em deliberação matéria objeto do acordo, os demais signatários do ajuste têm o direito de votar com as ações pertencentes ao ausente. Mais do que isso, as abstenções de voto de qualquer parte do acordo de acionistas ou de membros do conselho de administração eleitos nos termos de acordo de acionistas asseguram à parte prejudicada o direito de votar com as ações pertencentes ao acionista omisso e, no caso de membro do conselho de administração, pelo conselheiro eleito com os votos da parte prejudicada. O arquivamento também impede que as ações compreendidas no acordo sejam negociadas na bolsa ou no mercado de balcão, enquanto o acordo estiver vigente.

O acordo somente é oponível a terceiros, depois de averbado no livro de registro e nos certificados das ações, se emitidos, mas só quando verse sobre (1) a compra e venda de ações; (2) preferência para adquiri-las; (3) exercício do direito a voto; ou (4) exercício do poder de controle da companhia. Quando verse sobre outra matéria, não há vinculação da companhia, nem de terceiros, mesmo se arquivado, por falta de previsão legal. Em qualquer caso, o acordo não pode ser invocado para eximir o acionista de responsabilidade no exercício do direito de voto ou do poder de controle, respondendo pelos eventuais abusos que praticar em ambas as situações. O acordo de acionistas valerá pelo prazo ajustado ou até a realização da condição estipulada; se não houver tal estipulação, as partes poderão denunciá-lo, bastando notificar os demais participantes.

Nas condições previstas no acordo, os acionistas podem promover a execução específica das obrigações assumidas. Essa execução, quando se trate de ajustes que tenham por objeto a *compra e venda de ações*, a *preferência para adquiri-las*, o *exercício do direito a voto* ou do *poder de controle*, devidamente arquivados na companhia, faz-se no plano da própria sociedade, que, como visto, estará igualmente obrigada a observá-los. Quando o acordo versar sobre tema estranho a essa lista, a execução faz-se por meio judicial, utilizando-se o respectivo instrumento como título executivo extrajudicial, a partir do qual se moverá uma ação executória, mesmo que de obrigação de fazer. Para tanto, o ajuste deverá apresentar-se líquido e certo, sem o que será preciso recorrer a processo de conhecimento para a formação de um título executivo judicial.

4

O casamento e o direito societário

1 Cônjuge sócio de outrem

Vamos complicar as coisas um pouco mais, embora ainda nesse plano introdutório. A situação mais simples, vimos, é o casamento com o empresário (firma individual ou Eireli). Conforme as regras do direito de família, a empresa se considerará – ou não – como parte do patrimônio comum a ser partilhado. O direito societário cria, por certo, um grau a mais de complexidade para a solução patrimonial dos que se separam. A situação pode ser mais simples se os cônjuges ou conviventes eram sócios entre si, quando isso não é vedado. O mesmo se passará com a sociedade limitada unipessoal, isto é, de um só sócio. Entrementes, um grau maior de complexidade resultará de quando se tem sociedades com terceiros, ou seja, quando estão no patrimônio comum do casal participações societárias de sociedades do cônjuge ou convivente com terceiros. Não é o fim do mundo, mas é mais complexo e é preciso atentar para particularidades. Será essa a tônica deste capítulo.

A sociedade, simples ou empresária, é um conjunto de pessoas, vale dizer: os sócios. Um sócio (conjunto unitário, permitido nas sociedades limitadas e em certas situações das sociedades anônimas) ou mais sócios (não há limite máximo no direito brasileiro). Essas pessoas podem ser naturais e/ou jurídicas; se jurídicas, de qualquer natureza e não só outras sociedades; podem ser associações, por exemplo, ou fundações, como outro exemplo. Os sócios participam da sociedade levando em conta as possibilidades do tipo societário adotado e as regras dispostas no ato constitutivo, investindo na formação de seu capital e sendo titulares de frações (quotas ou ações correspondentes). Como já visto, essas frações lhes garantem direitos sociais e direitos patrimoniais (justo os que estão em foco neste livro).

> - Sociedades contratuais → (sócios) quotistas
>   → Sociedade em nome coletivo, sociedade em comandita simples e sociedade limitada.
> - Sociedades estatutárias → (sócios) acionistas
>   → Sociedade anônima e sociedade em comandita por ações.
> - Sociedades cooperativas (sócios) cooperados

Por falar em *sócio cooperado*, ou *associado cooperado* (expressão usada pela Lei 5.764/1971, que disciplina as cooperativas), forçoso reconhecer que a sociedade cooperativa constitui uma sociedade bem distinta, assentada sobre princípios especialíssimos, nos quais o trabalho do sócio, mais do que o valor (o capital) por ele investido, é o critério para determinar as vantagens econômicas que ele auferirá. Melhor será, então, deixá-la fora deste trabalho. Ficaremos com as demais sociedades, por quotas e por ações.

Quotas e ações são bens jurídicos, tendo valor econômico e, desse jeito, compõem o patrimônio comum da unidade afetiva (casamento ou união estável), devendo participar da partilha, na hipótese de divórcio ou dissolução. Contudo, quotas e ações não são apenas bens jurídicos; são também títulos societários, ou seja, são títulos que dão direito a participar da coletividade social, participando de suas deliberações e de outros atos da vida societária. Esse direito não se comunica com o cônjuge ou convivente. Apenas o titular das quotas ou ações é sujeito dos direitos e deveres relativos à atuação societária. Mais do que isso, como se trata de direitos pessoais (mesmo sob o enfoque patrimonial, devemos frisar), sequer é necessária a outorga conjugal para o exercício das faculdades societárias.

> Embora quotas e ações componham o patrimônio comum de um casal (casamento ou união estável), não há comunhão na condição de sócio e, consequentemente, não há comunhão das faculdades societárias. A comunhão está restrita aos direitos patrimoniais decorrentes dos títulos societários. Obviamente, se o ex-cônjuge ou ex-convivente receber quotas ou ações e passar a compor a sociedade, muda-se a situação.
>
> → Isso pode ser automático (por exemplo, ações de companhias abertas) ou demandar aceitação pelos demais sócios.

Essa distinção entre aspectos patrimoniais e aspectos societários das quotas e das ações produz efeitos sobre o casamento ou união estável, afastando o cônjuge ou convivente dos assuntos, negócios e da vida societária, em nada lhe socorrendo o fato de ser cotitular de um patrimônio comum. Justamente por isso, nas sociedades por quotas, somente o sócio é signatário do contrato social, podendo exercer os direitos dele resultantes ou ter contra si exigidas as previsões do ato constitutivo. Nas sociedades institucionais, embora o acionista não conste do estatuto social, a regra é a mesma. Ele e não o seu cônjuge ou convivente é o titular das faculdades e obrigações societárias. Salvo situação excepcional, aí incluído o provimento judicial, o cônjuge é terceiro estranho a tais relações.

2 Interdição do sócio casado

O sócio, que era capaz quando da constituição da sociedade, pode tornar-se relativa ou absolutamente incapaz, sujeitando-se à curatela. Havendo interdição do sócio, essa incapacidade superveniente não conduz, necessariamente, à imediata aplicação do art. 974 do Código Civil. Afinal, não se pode esquecer a distinção de personalidade, patrimônio e existência que há entre a sociedade e seus sócios. Quando há empresário (firma individual), é ele o titular da empresa. Mas quando há sociedade, o sócio é apenas o titular de quotas ou de ações; a pessoa jurídica, por seu turno, é a titular da atividade negocial e, portanto, é ela quem pratica os atos jurídicos, ainda que o faça por meio de interpostas pessoas (que a representam) e ainda que tais pessoas sejam um, alguns ou todos os sócios. Importa não olhar para o real físico, mas para a significação jurídica dos atos e fatos realizados.

A empresa não se concretiza como atuação dos sócios, mas atuação da sociedade; sim, ela o faz por meio de seres humanos, mas a autoria jurídica do ato é da sociedade. Não são atos dos sócios, mas atos da sociedade. Não é patrimônio dos sócios, mas patrimônio da sociedade. Coerentemente, é possível que a titularidade de quotas e ações seja de incapazes, cuide-se de relativamente incapazes, cuide-se de absolutamente incapazes. E é indiferente se se está diante de menoridade ou de interdição. Facilmente se percebe que a interdição do sócio não afeta a capacidade civil da sociedade de praticar atos jurídicos. O que não se permite é que o incapaz seja administrador da sociedade, pois não tem capacidade civil para tanto.

Ainda que assim seja, a interdição do sócio não é matéria estranha ao direito societário. As situações são diversas conforme a natureza jurídica da contratação, ou seja, conforme se tenha sociedade contratada *intuitu personae* ou sociedade contratada *intuitu pecuniae*. A sociedade *intuitu personae* é aquela contratada levando em consideração a pessoa do sócio, a expectativa de sua atuação pessoal e o reflexo dessa atuação sobre a coletividade social. Dessa maneira, não só é preciso atentar para o interesse de cada um dos sócios, mas para os interesses da coletividade dos sócios, no alusivo à manutenção de um espaço de mútuo reconhecimento e aceitação. O investimento do capital tem um papel secundário a esse mútuo reconhecimento e aceitação; importa mais a pessoa do sócio do que o capital que é investido e conservado na sociedade. O grande exemplo é a sociedade em nome coletivo, na qual se percebe nitidamente a sua afirmação como *sociedade de pessoas*.

O desafio é que o Código Civil pensou a sociedade limitada como sendo uma sociedade de pessoas (*intuitu personae*), ainda que de maneira não muito rígida, o que pode ser amainado ou agravado pelo contrato social. Na prática, a grande maioria das sociedades limitadas é constituída com essa natureza, trazendo a previsão contratual de que a cessão de quotas depende do consentimento dos demais sócios. Para essas sociedades, a interdição do sócio é fato relevante, podendo produzir efeitos societários relevantes, como se verá adiante.

Em oposição, há sociedades cuja contratação e manutenção está focada no aporte do capital necessário para o seu funcionamento (para a realização de seu objeto social e consequente produção de lucro), ocupando um segundo plano a identificação da pessoa dos sócios. O intuito da reunião dos sócios é obter e manter dinheiro suficiente para tocar a atividade negocial (contratação *intuitu pecuniae*), sendo de menor importância se o sócio é este ou aquele. O grande exemplo são as sociedades anônimas, nestas destacadas aquelas que têm suas ações negociadas em bolsa (*companhias abertas*): todos os dias, milhares de operações de cessão de quotas são realizadas, alterando a titularidade das ações, sem que isso altere a existência da sociedade.

A interdição do sócio é um fato relevante nas sociedades de pessoas (*intuitu personae*), na medida em que coloca para a coletividade social o problema de definir se aceita ou não manter o interditado em seus quadros, devendo conviver com seu representante ou com seu assistente. A questão envolve o papel que se espera da pessoa de cada um dos sócios, lembrando-se que não são tomados como investidores, o que é próprio das sociedades de capital (*intuitu pecuniae*). Imagine-se, como exemplo, uma sociedade de médicos, na qual se espera de todos os sócios não só o investimento, mas o trabalho conjunto; é preciso verificar se os demais sócios aceitaram manter a sociedade quando um deles, interditado, não estava em condições de desempenhar as atividades que dele se esperava. Outro exemplo, ainda mais eloquente, é a sociedade de advogados. A interdição do advogado implica o cancelamento de sua inscrição na OAB (art. 11, V, da Lei 8.906/1994). E como só advogados podem ser sócios de sociedades de advogados (arts. 15 e 16 da Lei 8.906/1994), a resolução da sociedade em relação ao sócio interditado é consequência legal necessária.

> O art. 1.030 do Código Civil expressamente permite a exclusão do sócio por incapacidade civil superveniente. A regra não se aplica à sociedade *intuitu pecuniae*.

Portanto, na sociedade *intuitu personae*, cria-se uma instância preliminar, na qual os demais sócios devem se manifestar favoravelmente à presença do sócio incapaz na sociedade, quando sua saída não seja uma imposição legal. Se a maioria dos demais sócios deliberar pela recusa da manutenção na sociedade do sócio que foi interditado, será pedida ao judiciário sua exclusão, aplicado o art. 1.030, *caput*, do Código Civil. Essa exclusão implicará a resolução do contrato social em relação ao interditado, com liquidação de suas quotas na sociedade, procedimento que experimentará a supervisão do Ministério Público, diante do interesse de incapaz (art. 178, II, do Código de Processo Civil).

Ao contrário do que nos manifestamos na primeira edição deste livro, não nos parece que a aceitação do sócio incapaz implique uma indispensável aplicação do art. 974 do Código Civil, ou seja, a autorização judiciária para sua manutenção na condição de sócio da empresa, representado ou assistido pelo curador, conforme o caso. De fato, se não há riscos para o patrimônio do incapaz, como ocorre nas sociedades limitadas, essa autorização judiciária é dispensável. A participação societária se manterá como patrimônio do interditado e os resultados obtidos pela empresa (lucros) lhe serão normalmente destinados. A atuação societária (participação nas deliberações sociais) se fará pelo curador que, por seu turno, responderá por seus atos na forma do Código Civil. Somente se houver responsabilidade subsidiária pelas obrigações societárias, como na sociedade em nome coletivo, será indispensável recorrer ao judiciário para obter a autorização. Nesses casos, por expressa disposição do art. 974, § 2º, do Código Civil, haverá um limite de responsabilidade entre o patrimônio do incapaz e as obrigações da sociedade, que, em relação a si, estarão garantidas apenas pelo que não seja estranho ao acervo da empresa ou ao que seja resultado dos lucros distribuídos, mesmo que se trate de sociedade sem limite de responsabilidade (sociedade em nome coletivo, por exemplo), quota sem limite de responsabilidade (as pertencentes aos comanditários na sociedade em comandita simples).

Aqui, cabe uma nota: a figura da desconsideração da personalidade jurídica (art. 50 do Código Civil ou 28 do Código das Relações de Consumo, Lei 8.078/1990). Trata-se de figura que habitualmente é usada para fazer frente aos abusos no uso da personalidade jurídica das sociedades em que a lei preveja não haver responsabilidade subsidiária dos sócios pelas obrigações societárias. Não nos parece que se possa desconsiderar a personalidade jurídica em desproveito do incapaz, embora seja possível fazê-lo para responsabilizar seu representante ou assistente. Entender o contrário seria desprezar toda a proteção que o direito concede aos incapazes.

Em se tratando de sociedade *intuitu pecuniae*, a manutenção do sócio interditado não é assunto societário, não havendo falar em discussão sobre o tema. Afinal, não importa a sua pessoa, nem a sua condição pessoal, mas a manutenção do capital aportado na sociedade. Nesse sentido, não nos parece aplicável o citado art. 1.030, *caput*, do Código Civil. De fato, se é possível aferir do contrato social ou mesmo da realidade societária que os sócios não são encarados por sua atuação pessoal, mas como investidores na sociedade, a pretensão de excluir o sócio interditado constituirá um abuso de direito que deverá ser rechaçado pelo judiciário, preservando os interesses e os direitos do incapaz. É o que se passa nas sociedades por ações, salvo particularidades de seu estatuto social.

3   Morte do sócio casado

Nas sociedades por ações, diante da morte de sócio, suas ações transferem-se, de imediato (*princípio da saisine*; art. 1.784 do Código Civil), para o(a) meeiro(a) e/ou herdeiros legítimos ou testamentários. Afinal, são sociedades *intuitu pecuniae* e é livre a cessão da participação societária. A mesma regra será aplicada nas sociedades contratuais que tenham sido constituídas com foco no investimento (*intuitu pecuniae*) e permitam a livre circulação dos títulos societários. Essa característica não resulta da regra geral, disposta no Código Civil, mas do que esteja previsto no contrato social.

No entanto, como já dissemos, cuida-se de hipótese rara: sociedades contratuais *intuitu pecuniae* (inclusive as sociedades limitadas). Não é comum essa aceitação ampla da circulação das quotas e, assim, da entrada de sócios desconhecidos, estranhos, ainda que suportando o pagamento do valor dos títulos, ou seja, mantendo o investimento de capital na corporação. O mais comum é a constituição de sociedades *intuitu personae*, ou seja, a previsão de que a cessão de quotas demande aprovação em reunião ou assembleia. Aliás, essa é a regra geral do próprio Código Civil; a ampla liberdade de cessão de quotas para pessoas estranhas ao quadro social deve decorrer de cláusula disposta no ato constitutivo.

> Nas sociedades limitadas, se o contrato social não dispuser outra regra, o sócio pode ceder sua(s) quota(s) a estranho se não houver oposição de titulares de mais de um quarto (25%) do capital, por força do art. 1.057 do Código Civil.

Nas sociedades constituídas *intuitu personae*, a importância dada à identificação de cada sócio, ao reconhecimento mútuo entre contratantes, acaba por tornar a morte de algum dos sócios um desafio. De fato, embora os títulos societários sejam bens que compõem o patrimônio do *de cujus* e, assim, são passíveis de meação ou sucessão hereditária, o meeiro ou herdeiro(s) pode não preencher os requisitos pessoais para ingressar na sociedade, segundo a avaliação dos sócios remanescentes. Afinal, reitero, é próprio das *sociedades de pessoas* esse poder discricionário, dos sócios, de aceitar novos membros na coletividade social.

Assim, diante da morte do sócio, o art. 1.028 do Código Civil permite aos sócios remanescentes deliberar se aceitam um sucessor (meeiro e/ou herdeiro) como sócio ou se preferem a liquidação da respectiva quota. Reiteramos tratar-se de decisão discricionária, não demandando fundamentação, resultado direto do intuito que orientou a constituição e a manutenção do vínculo societário. Mas é um direito coletivo, ou seja, um direito que será exercido por deliberação dos sócios, em conformidade com o quórum estipulado em contrato ou, no silêncio deste, pela lei. Nas sociedades simples e em nome coletivo, faz-se necessária a aprovação unânime dos demais sócios (arts. 997, 999 e 1.028 do Código Civil); na sociedade em comandita simples, a regra é que os herdeiros assumam a posição do sócio comanditário, não do sócio comanditado (art. 1.050). Na sociedade limitada, a sucessão pela meeira e/ou por herdeiros pode merecer oposição de sócios que representem mais de 25% do capital social (art. 1.057).

E qual é a realidade que vivemos? Um pouco diversa, há que se reconhecer. É que a maioria dos contratos sociais de sociedades limitadas (o tipo societário mais comum no Brasil) traz a previsão de que, com o falecimento do sócio, haverá livre sucessão *causa mortis* por sua meeira e/ou herdeiros legítimos. Isso resolve o problema que estamos agora examinando. Em outras, contudo, a regra da oposição por mais de 25% do capital social (ou aprovação por 75%) é substituída pela previsão contratual da necessidade de aprovação unânime, o que é lícito. Mas há contratos que não o preveem. Há os que aceitam herdeiros, mas não meeiros. Há regras diversas que, se não são abusivas, são lícitas. Um exemplo: demandar que meeiro ou herdeiro tenham tal e qual qualificação profissional é legítimo. Aceitar filhos havidos em casamento e recusar eventuais filhos havidos em relacionamentos extraconjugais é uma distinção preconceituosa e, portanto, ilícita, acreditamos.

Em suma, se não há previsão contratual de livre sucessão *causa mortis* pela sua meeira ou herdeiros legítimos, e não há aprovação do seu ingresso na sociedade pelos demais sócios, respeitado o quórum contratual ou legal, a morte do sócio resultará na liquidação de sua quota, nos termos que se estudarão na sequência. Dessa maneira, preserva-se sua expressão patrimonial pela realização de seu valor em dinheiro, conforme o estado atual do patrimônio societário; não haverá, portanto, uma lesão dos direitos do espólio e, via de consequência, dos herdeiros. Simultaneamente, preserva-se o *intuitu personae* societário, evitando que a sociedade seja obrigada a aceitar um herdeiro a substituir o morto, como ocorre nas sociedades de capital.

A liquidação das quotas do *de cujus* implicará uma dissolução parcial da sociedade, ou seja, uma resolução da sociedade em relação àquela pessoa e sua participação. Consequentemente, embora a sociedade se conserve, com os demais sócios, o vínculo se resolverá em relação à participação do sócio que faleceu. Essa alternativa é eficaz mesmo em sociedade composta por dois únicos sócios. Se sociedade limitada, o Código Civil admite unicidade social permanente; se sociedade em nome coletivo ou sociedade em comandita simples, prevê-se a dissolução total da sociedade por falta de pluralidade de sócios, quando esta não é reconstituída no prazo de 180 dias. Portanto, é possível ao sócio remanescente liquidar a quota ou quotas do sócio falecido, entregando-se ao espólio o valor correspondente, buscando um novo sócio para manter a sociedade ou, na sociedade limitada, mantendo-se como único sócio.

Em diversas oportunidades, o judiciário já se manifestou no sentido de que essa apuração de haveres deve ser real, ou seja, deve efetivamente refletir o valor da participação para, assim, preservar os direitos patrimoniais da meeira e/ou dos herdeiros. Um exemplo antigo de tais precedentes é o Recurso Especial 282.300/RJ, julgado pela Terceira Turma do Superior Tribunal de Justiça (STJ). A questão é tormentosa por certo impulso de avidez que, não raro, vence os pudores para se concretizar numa deslavada pretensão de, sob o corpo já frio do inerte, tirar vantagens de sua morte e locupletar-se sobre sua família. As histórias são múltiplas e sempre revoltantes pela indignidade. Em muitas delas, a morte do então sócio sequestra sua família da prosperidade e a lança no plano indigno das necessidades. Sim, o ser humano é afeto a tais crueldades e o faz sem se incomodar ou, quando muito, resmungando justificativas sem fundamento ético: basta crer que faz o que é certo, mesmo sendo óbvia a vilania.

O essencial aqui – parâmetro que se repete na partilha de bens do patrimônio comum em contextos de divórcio e dissolução de convivência – é calcular e/ou estimar o valor com justiça; nenhuma das partes deve se enriquecer indevidamente à custa da outra: nem o(s) herdeiro(s) e o(a) meeiro(a), nem o(s) sócio(s) sobrevivente(s). Nem mesmo a pretensão de fortalecer a sociedade cabe nesses contextos: manter a sociedade (que é uma pessoa, ela própria, não se pode esquecer) fortalecida em prejuízo de herdeiros e meeiro é permitir o locupletamento da pessoa jurídica, o que desborda os limites do melhor direito: *suum cuique tribuere*: dar a cada um o que é seu.

O principal risco está na utilização dos balanços empresariais. De fato, há uma cultura contábil de realização de balanços anuais que são redigidos considerando as demandas da Receita Federal que, como é notório, são múltiplas, burocráticas e, para sermos sinceros, esdrúxulas em vários pontos. Os balanços raramente refletem a realidade das aziendas, mas, pelo contrário, apenas expressam uma visão confortável do negócio para atender ao olhar lascivo da fazenda pública. Não é ilícito; mas não é preciso e não atende à necessidade específica de apurar os haveres com a finalidade de resolver a sociedade em relação a um ou mais sócios e, assim, atender aos direitos de terceiros: meeiro(a) e/ou herdeiro(s).

De qualquer sorte, a liquidação da quota não é fato obrigatório, incontornável. Antes de mais nada, o contrato social pode trazer disposição distinta, aceitando a ampla circulação das quotas (sociedade *intuitu pecuniae*) ou, até, a livre sucessão *causa mortis* das quotas, como visto anteriormente. Mesmo se o contrato não trouxer tais previsões, é possível haver um acordo sobre o ingresso de meeiro(a) e/ou herdeiro(a). Mas será preciso dupla aceitação, ou seja, é preciso (1) que o meeiro(a) e/ou herdeiro(s) aceite assumir as quotas do *de cujus*; e (2) que os demais sócios aceitem essa participação, respeitado o quórum estipulado no contrato social e, no silêncio deste, o quórum contratual anteriormente destacado.

Ainda que haja aceitação dos sucessores do finado para assumirem sua participação societária, será preciso dar cabo do inventário e partilha dos bens do espólio, fazendo a adequada atribuição do bem para aquele(s) que foi(ram) aceito(s). Se há recusa, será preciso realizar o procedimento de liquidação das quotas. Em ambos os casos, portanto, há um período procedimental e, durante este, os interesses da coletividade de sucessores estarão resumidos no espólio, sendo representados junto à sociedade pelo inventariante. Não foi outro o entendimento manifestado pela Terceira Turma do STJ, no julgamento do Agravo Regimental no Agravo de Instrumento 65.398/RJ: "os herdeiros ficam representados pelo inventariante até a partilha e a consequente alteração contratual, anotada na junta comercial, quando, então, serão individualizadas as novas quotas sociais".

Destaque-se, por fim, haver mais duas alternativas à liquidação das quotas do *de cujus*. É possível a transferência de quotas a terceiro, que seja aceito pela sociedade, recebendo o espólio o preço pago pelos títulos. Ademais, em lugar da dissolução parcial, o sócio ou sócios remanescentes podem optar pela dissolução total da sociedade, como prevê o art. 1.028, II, do Código Civil. Em tal hipótese, resolve-se por completo o contrato, apuram-se direitos ou obrigações, conforme o caso, extinguindo-se a pessoa jurídica correspondente.

4 Morte do cônjuge do sócio

A morte do cônjuge ou do convivente de um sócio cria uma situação jurídica análoga à morte do sócio, ainda que inversa. A analogia decorre do elemento comum: a sucessão na titularidade da participação societária (quotas ou ações); mas é situação inversa, já que, entre os comunheiros, mantém-se vivo aquele que detém os direitos societários e falece aquele que só tinha participação nos direitos patrimoniais correspondentes. Portanto, o cônjuge ou convivente sobrevivente poderá se manter na sociedade. Afinal, trata-se de sócio, ou seja, de pessoa que já foi aceita pelos demais contratantes para compor a sociedade. Não há motivo para forçá-lo a sair da sociedade. No entanto, será preciso resolver o problema da sucessão patrimonial da meação: se a participação societária for objeto da partilha, o herdeiro que receber quotas não terá o direito de ser sócio, podendo ser recusado pela coletividade social, caso se trate de sociedade *intuitu personae*.

> Por força do art. 1.027 do Código Civil, os herdeiros do cônjuge de sócio – a exemplo do que se passa com o cônjuge que se divorciou ou separou – não podem exigir desde logo a parte que lhes couber na(s) quota(s) social(is), mas concorrer à divisão periódica dos lucros, até que se liquide a sociedade.

De abertura, conforme se lê no art. 1.027 do Código Civil, veda-se aos herdeiros do cônjuge ou convivente falecido exigirem desde logo uma pretensa *parte que lhes caberia na quota social*. Portanto, não é lícito simplesmente tomar o valor da participação societária pelo valor do capital (o capital registrado no contrato social), reembolsando o valor das quotas subscritas e integralizadas. Também não se permite a simples pretensão de calcular, sobre o patrimônio líquido da sociedade, conforme o último balanço social, a proporção correspondente à participação societária que tocou aos herdeiros na partilha dos bens do(a) morto(a). Seus direitos patrimoniais econômicos sobre as quotas que lhes foram destinadas no inventário/partilha se exercerão por meio de liquidação das quotas, em procedimento extrajudicial – se amigável – ou judicial, se litigioso.

Como dissemos, não haverá dissolução parcial da sociedade, já que o comunheiro sobrevivente manter-se-á como sócio. A solução será descapitalizar a sociedade no valor correspondente às quotas liquidadas, em conformidade com o art. 1.031, § 1º, do Código Civil. Não é o valor do capital registrado; descapitalizar, aqui, está em sentido amplo: haverá uma redução do patrimônio societário em montante correspondente ao valor liquidado das quotas sociais, em conformidade com a apuração de haveres. Consequentemente, o comunheiro sobrevivente terá sua participação societária reduzida.

O contrato social e a escrituração contábil da sociedade deverão ser alterados para acomodar a operação, o que pode exigir redução do número de quotas e do valor global do capital registrado, além dos reflexos na escrituração contábil. Obviamente, há formas alternativas, como a assunção das quotas liquidadas por outros sócios ou por terceiros. No entanto, sempre são necessários ajustes no ato constitutivo e na escrituração contábil para traduzir a liquidação da participação societária herdada.

Embora o legislador não tenha se referido a essa hipótese, também é possível que os herdeiros do cônjuge falecido do sócio sejam admitidos na sociedade e aceitem nela manter-se. Isso ocorrerá, nas sociedades *intuitu pecuniae*, como decorrência direta do regime de ampla e livre circulação dos títulos societários (quotas ou ações). Nos demais casos, essa admissão pode resultar de deliberação favorável dos demais sócios, respeitado o quórum estipulado no contrato social ou, na ausência deste, aquele que esteja previsto em lei: nas sociedades simples, em nome coletivo e em comandita simples, faz-se necessária a aprovação unânime dos demais sócios (arts. 997, 999 e 1.028 do Código Civil), devendo destacar-se não se aplicar o art. 1.050, certo não ter havido morte do sócio, mas de seu cônjuge ou comunheiro. Já na sociedade limitada, essa admissão depende da aprovação de 75% do capital ou, como prefere o art. 1.057, é lícito a sócios que representem mais de 25% do capital social oporem-se à cessão *causa mortis* das quotas, assim como podem se opor à cessão *inter vivos*.

Uma vez mais, coloca-se o problema do tempo necessário para que sejam ultimados os procedimentos até a liquidação das quotas que tocaram aos herdeiros na partilha. Para evitar que sejam prejudicados em seus direitos, o art. 1.027 do Código Civil lhes outorgou o direito de concorrer à divisão periódica dos lucros, até a liquidação da sociedade, quando receberão o valor pela parte que lhes toca.

5 Sociedade entre cônjuges

O art. 977 do Código Civil afirma a faculdade de os cônjuges contratarem sociedade entre si, ou com terceiros, "desde que não tenham casado no regime da comunhão universal de bens, ou no da separação obrigatória". A interpretação da norma é bem simples. Em primeiro lugar, tem-se claro que o legislador afirma a possibilidade de a pessoa natural, mesmo casada, contratar sociedade com terceiros; a afirmação, tal como posta, sem que sejam listadas algumas condições para tanto, deixa claro não haver, em função do casamento, qualquer limitação à liberdade de contratar a sociedade, não se tratando, portanto, daqueles atos que necessitem da autorização prevista no art. 1.647 do Código Civil, exceto se para a integralização do capital social se fizer necessário alienar ou gravar de ônus real os bens imóveis, hipótese em que a autorização será obrigatória, não por se tratar de contratação de sociedade, mas por força do inciso I daquele art. 1.647.

Em segundo lugar, também se extrai facilmente do dispositivo que os cônjuges podem contratar sociedade entre si, quando casados pelo regime da comunhão parcial de bens, regime de participação final nos aquestos e regime de separação de bens (quando não se trate de regime obrigatório, por força do art. 1.641 do Código Civil). Essa contratação poderá dar-se apenas entre os cônjuges ou, ainda, envolvendo os cônjuges e terceiros. A possibilidade em nada afeta as relações patrimoniais concernentes ao casamento, que não são prejudicadas pelo fato de que os cônjuges, no exercício do princípio da liberdade para agir e contratar, constituírem relações empresariais para além das relações familiares já estabelecidas. Não há limitações jurídicas – e o art. 977 o deixa claro – para a constituição de sociedade simples ou empresária entre os membros da sociedade conjugal, excetuados os regimes de comunhão universal e de separação obrigatória de bens. Também não há limitação para a constituição de sociedade entre outros conviventes: união familiar estável, união civil homoafetiva etc. Serão uniões distintas (afetiva e societária), em planos jurídicos distintos, excetuada a possibilidade de a sociedade ter sido contratada por motivo ilícito, comum aos sócios (art. 166, III, do Código Civil), ou para fraudar lei imperativa (art. 166, VI, do Código Civil).

Resta examinar as vedações do art. 977: a proibição de os cônjuges, sendo a comunhão universal o regime de bens do casal, contratarem sociedade entre si. A disposição exige interpretação que atenda à perceptível intenção (*mens legislatoris*) de impedir a constituição da sociedade a partir de patrimônios que se comunicam; isso implica reconhecer a validade da sociedade quando, para além dos cônjuges casados no regime da comunhão universal de bens, há outro ou outros sócios. Não há nenhum ilícito, por exemplo, se marido e esposa detêm, cada qual, ações nominativas do Banco do Brasil.

Também estão proibidos de contratar sociedade entre si os cônjuges, casados pelo regime da separação obrigatória de bens, ou seja, nas hipóteses arroladas no art. 1.641 do Código Civil, vale citar: (1) pessoas que se casem com inobservância das causas suspensivas da celebração do casamento; (2) quando qualquer dos cônjuges tenha mais de 70 anos; (3) quando o casamento dependa de suprimento judicial. O espírito dessa outra vedação legal (sua *mens legis*) é distinto, devendo haver uma interpretação conjunta dos arts. 977 e 1.641 do Código Civil a indicar que a proteção que é legalmente prevista para as hipóteses de casamento sob regime obrigatório de separação de bens não pode ser enfraquecida pela constituição de sociedade em comum. Essa particularidade exige maior cautela para tratar da hipótese de sociedade entre os cônjuges ou terceiros, mantendo-se o escopo legislativo: se a participação dos cônjuges é mínima, como nas sociedades anônimas de capital aberto, não se fere a *mens legis*, sendo regular a situação jurídica decorrente. Havendo participação relevante, a implicar risco à proteção legal disposta no art. 1.641 do Código Civil, aplica-se a vedação, o que implica nulidade da constituição da sociedade, em face do art. 166, VII, do Código Civil.

A disposição do art. 977 do Código Civil já mereceu exame pela Terceira Turma do STJ, examinando o Recurso Especial 1.058.165/RS, sob relatoria da Ministra Nancy Andrighi. A Corte reafirmou a vedação: cônjuges em regime de comunhão universal de bens não podem contratar sociedade entre si. Rejeitou-se, destarte, a tese de que a proibição alcançaria apenas sociedades empresárias e não sociedades simples. Os julgadores, contudo, entenderam que as características que distinguem os tipos de sociedade – simples e empresária – não justificam a aplicação do referido artigo a apenas um deles. Além disso, o art. 977 utiliza apenas a expressão "sociedade", sem estabelecer qualquer especificação, o que impossibilita o acolhimento da tese de que essa sociedade seria apenas a empresária. Mais do que isso, os julgadores entenderam que as restrições determinadas pela lei evitam a utilização das sociedades como instrumento para encobrir fraudes ao regime de bens do casamento.

6 Conflitos entre cônjuges sócios

É preciso particular atenção para um efeito direto da constituição de uma sociedade entre cônjuges ou entre conviventes. Não há submissão das relações societárias ao direito de família e suas regras. Pelo contrário. O patrimônio investido na sociedade, assim como o patrimônio da própria sociedade submetem-se ao direito societário. Essa realidade é ainda mais forte quando se usa o patrimônio familiar para constituir uma *holding* familiar, ou seja, uma sociedade cujo objeto ou um dos objetos é titularizar o patrimônio comum.[1] Com efeito, como resultado da constituição da sociedade, as relações havidas entre os cônjuges ou conviventes, no âmbito da sociedade, serão relações entre sócios.

Julgando o Agravo de Instrumento 990.10.071556-9, o Tribunal de Justiça de São Paulo examinou a pretensão de uma sociedade empresária, e do sócio majoritário e administrador, de excluir a outra sócia (a ex-esposa), sob o argumento de haver *razões robustas* para tanto: foram listados diversos atos praticados contra o ex-marido, demonstrando ser portadora de sérios distúrbios psicológicos, incluindo imposição de pena restritiva de direitos por conta do descumprimento de determinação judicial de guarda compartilhada. Assim, argumentou que a continuidade dela como sócia impediria o curso normal das atividades negociais, estando todos os negócios paralisados. Os desembargadores reconheceram que "a discórdia entre os sócios pode se tornar causa determinante da inexequibilidade do fim social, justificando a dissolução da sociedade". Contudo, desproveram o agravo, pois, "em juízo de cognição sumária, nada há que pudesse caracterizar eventual comportamento inadequado da agravada com relação à sociedade, que justificasse sua exclusão repentina, pois o que se verifica são divergências de cunho pessoal envolvendo as partes, ex-cônjuges".

Prosseguiram os julgadores: "Assim, independentemente da provável quebra da *affectio societatis*, por ora não há justificativa plausível a ser considerada para exclusão da agravada, mesmo porque a quebra da *affectio*, originando desinteligência entre os sócios, desafia juízo de cog-

---

1 Conferir MAMEDE, Gladston; MAMEDE, Eduarda Cotta. *Holding familiar e suas vantagens*: planejamento jurídico e econômico do patrimônio e da sucessão familiar. 19. ed. São Paulo: Atlas, 2021.

Cap. 4 • O casamento e o direito societário   77

nição exauriente, o que se contrapõe à natureza do presente recurso. (...) Acrescente-se, ainda, que o fato novo suscitado pelos agravantes, consistente em imposição de pena restritiva de direitos à agravada, também se trata de mera divergência de cunho pessoal (...). Quanto à alegação de que a agravada vem impedindo o curso normal das atividades da empresa, sequer indícios de prova constam do instrumento".

Alfim, arrematou-se: "Saliente-se, ademais, que a antecipação [de tutela] *inaudita altera parte* – porque de certa forma desvirtua o fundamental princípio do contraditório – é providência de exceção, recomendada, apenas, quando o réu puder tornar ineficaz a medida ou quando a urgência indicar a necessidade de concessão imediata, hipótese que não restaram demonstradas. Destarte, não se justifica, por ora, a quebra do contraditório, pois a matéria fática não está suficientemente demonstrada, além do que os requisitos autorizadores da antecipação de tutela não se confundem com mera economia processual ou conveniência".

5

Escrituração contábil da atividade negocial

1 Escrituração contábil

A experiência revela que a escrituração contábil é solo fértil para a prática das fraudes que constituem o objeto da análise deste livro. O gosto das metodizações contábeis, suas regras de raízes medievais (raízes, frisamos), sua expressão tão assustadora para os não iniciados, é um lugar que parece perfeito para esconder um malfeito. Está lá, mas quem o iria perceber? Ainda que assim não seja, vale dizer, ainda que não se pratique a fraude no colo da contabilidade e seus instrumentos, é bem provável que ela esteja ali refletida, fotografada, já que seu fim e sua obrigação é narrar a história dos atos patrimoniais da azienda e seus respectivos valores. Então, quando não se frauda a contabilidade, é provável que se registre a fraude na contabilidade, ainda que, obviamente, com a pretensão de nada mais ser que a anotação de um ato regular.

Justo por isso é possível dizer que a fraude patrimonial, quando envolve atividades negociais, passa pela escrituração contábil e, justamente por isso, é essa mesma escrituração contábil um ambiente essencial para que seja investigada a sua ocorrência, comprovando-a. Eis um investimento indispensável em conflitos desta natureza: a contratação de um bom auditor ou empresa de auditoria. Gente que tem os olhos acostumados a essas paisagens, que não sofre a vertigem dos números e das partidas dobradas e, preferencialmente, profissionais já calejados na percepção dos lançamentos desraçados, esquecidos da verdade e da boa gestão, fatigados de licitude. Uma boa auditoria provavelmente irá reconhecer o que se passou.

Na base de tudo está o art. 1.179 do Código Civil a exigir que o empresário e a sociedade (simples ou empresária) mantenham, como obrigação legal, um sistema de contabilidade, que poderá ser mecanizado ou não, tendo por base a escrituração uniforme de livros contábeis, guardando correspondência com a documentação respectiva. Justamente por isso, a contabilidade diz (ou, no mínimo, *deveria dizer*) quase tudo da vida empresarial, do desempenho da atividade, de seu passado, de seu estado atual e, até, prenuncia o seu futuro.

A contabilidade serve à atividade empresarial, mas serve por igual para a fiscalização fazendária. Uma obrigatoriedade fiscalizada e passível de punição. Justo por isso, um instrumento precioso para ex-cônjuges ou ex-conviventes na verificação da dimensão exata do patrimônio comum a partilhar. O empresário e o administrador societário estão obrigados (art. 1.194 do Código Civil) a conservar e guardar, em bom estado, toda a escrituração já elaborada contábil, permitindo sua utilização como meio de prova, obrigação que alcança a correspondência, contratos, notas fiscais e demais documentos concernentes à sua atividade, perdurando enquanto não ocorrer prescrição ou decadência, no tocante aos atos neles consignados.

É norma que se harmoniza com o art. 4º do Decreto-Lei 486/1969, que fala em obrigação empresarial de conservar em ordem a escrituração, correspondência e demais papéis relativos à atividade ou operações que modifiquem ou possam vir a modificar sua situação patrimonial, *enquanto não prescritas eventuais ações que lhes sejam pertinentes*. Assim, pode-se ter a obrigação de preservar todo um livro em virtude de um único lançamento, referente a direito ainda não prescrito. Essa indefinição de prazos acaba por exigir uma guarda prolongada, mormente considerando-se a existência de causas interruptivas e suspensivas, anotadas no art. 197 e seguintes do Código Civil.

Para que cumpra sua finalidade, garantindo que se apresente fiel à realidade, o legislador arrolou um conjunto de requisitos, constituídos a bem da veracidade e da confiabilidade da escrituração, impedindo – ou, no mínimo, dificultando – a concretização de fraudes, ou facilitando a sua percepção ou dedução; alcançam aspectos extrínsecos e intrínsecos da escrituração: extrínsecos são os requisitos referentes aos aspectos exteriores da escrituração, a exemplo de sua base material e da apresentação desta. Intrínsecos são os requisitos alusivos à escrituração em si, à sua concretização.

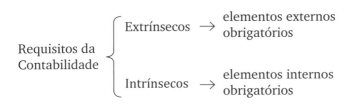

1.1 Requisitos extrínsecos da escrituração contábil

Principiemos pelos requisitos extrínsecos: a escrituração contábil tem forma prescrita em lei e deve ser atendida em seus detalhes. A base normativa dessa obrigação está nos arts. 1.179 e 1.180 do Código Civil, a prever sua realização em livros escriturados à mão, lançamentos mecanizados ou em base eletrônica. No entanto, como sói acontecer no Brasil, renovada e reiteradamente, os órgãos do Poder Executivo partiram da base legal para criar regulamentação que alarga a compreensão e o tratamento da questão. Assim, apesar do devido processo legislativo, vigem entre nós diversas normas inferiores à lei federal que dão nova roupagem à escrituração contábil, nomeadamente em ambiente eletrônico (também chamado de *virtual*), com lançamentos feitos em linha (vale dizer: *on-line*, já que achamos elegante renunciar ao próprio vernáculo para falar o idioma dos outros).

Ainda que sem base legislativa (em sentido estrito: normas emanadas do Poder Legislativo), esse sistema normativo regulamentar vige e seu respeito se exige: os lançamentos devem ser feitos em meio devidamente autenticado e segundo as disposições ali enunciadas por contabilista legalmente habilitado (com indicação do número de sua inscrição no Conselho Regional de Contabilidade – CRC). Outro requisito extrínseco da escrituração contábil é a autenticação. Os instrumentos de escrituração, por disposição do art. 1.181 do Código Civil, deverão – excetuadas as hipóteses de disposição especial de lei – ser autenticados no registro público de empresas mercantis em que esteja inscrito o empresário ou em que estejam arquivados os atos constitutivos da sociedade empresária. Se a empresa possuir filial em outra unidade federativa, os instrumentos de escrituração desse estabelecimento secundário deverão ser requeridos à junta comercial onde estiver situado; nessa hipótese, os dados relativos aos termos de abertura e de encerramento deverão referir-se ao ato de abertura da filial na junta comercial da unidade federativa onde esta se localizar.

Em se tratando de sociedades simples, essa autenticação será feita pelo respectivo cartório de registro de pessoas jurídicas em que estejam arquivados os atos constitutivos da pessoa jurídica. A regra prevê a autenticação dos livros obrigatórios (e, se for o caso, das fichas), antes de serem postos em uso, exigindo, sempre, que o empresário ou sociedade empresária estejam devidamente inscritos, sem o que não se fará a autenticação. Também permite que sejam autenticados mesmo livros não obrigatórios; ainda assim, desde que o titular da empresa (empresário ou sociedade empresária) esteja devidamente inscrito na junta comercial.

> A escrituração contábil deve ser autenticada. Evitam-se, assim, duplicidade de escrituração e, assim, fraudes. É uma segurança do sistema que, sim, aproveita-se para o ex-cônjuge ou ex-convivente para aferir regularidade no patrimônio a partilhar.

No entanto, a autenticação apenas atesta a existência do instrumento como relacionado à contabilidade da empresa, impedindo que sejam forjados outros documentos, inviabilizando uma duplicidade de escrituração e, assim, fraudes. Justamente por isso, a junta comercial ou o cartório de registro de pessoas jurídicas não podem ser responsabilizados pelos fatos e atos escriturados que constem da escrituração mercantil, já que não é sua função conferir-lhes o conteúdo, nem tem a autenticação significado de afirmação oficial de sua correção, referindo-se apenas ao instrumento, não ao seu conteúdo. A responsabilidade das juntas comerciais está limitada aos instrumentos de escrituração considerados em si, e não pelo que neles foi escriturado.

1.2 Requisitos intrínsecos da escrituração contábil

Os requisitos intrínsecos estão dispostos no art. 1.183 do Código Civil. Em primeiro lugar, exige-se que a escrituração seja feita em português, caracterizando irregularidade que torna imprestável a escrituração e permite a punição do empresário que utilizar idioma estrangeiro, ainda que se trate de sociedade estrangeira. Exige-se, ademais, a utilização da moeda nacional, devendo-se destacar que, havendo transação em moeda estrangeira, a regra geral é o seu registro em moeda nacional, em valor convertido, pela cotação oficial (salvo se a operação – em bases lícitas – levar em conta outra cotação, a exemplo do chamado *dólar turismo*), no momento do registro.

Dever-se-á, obrigatoriamente, adotar forma contábil, motivo pelo qual o próprio Código Civil, em seu art. 1.182, exige que a escrituração esteja a cargo de contabilista legalmente habilitado, excetuando-se a hipótese de não haver nenhum na localidade. A adoção da forma contábil e a exigência de escrituração elaborada por contabilista, por seu turno, levaram o legislador a aceitar a adoção das técnicas já costumeiras de contabilização, que incluem a utilização de abreviaturas, alguns ícones e de códigos numéricos; tais recursos são permitidos e não comprometem a exigência de adoção de idioma nacional. O parágrafo único do art. 1.183 do Código Civil, contudo, procura evitar que tais recursos possam dificultar a compreensão dos lançamentos, exigindo que os códigos de números ou de abreviaturas constem de livro próprio, regularmente autenticado; assim, cria e determina uma uniformidade, garantindo a uniformidade de escrituração.

Ainda entre os requisitos intrínsecos, lista-se a necessidade de a escrituração ser disposta em ordem cronológica de dia, mês e ano, sem intervalos em branco, nem entrelinhas. A medida impede a inserção, *a posteriori*, de lançamentos, permitindo fraudar a escrituração. O mesmo objetivo tem a estipulação de que não se admitem borrões, rasuras, emendas ou transportes para as margens. Obviamente, não pretendeu o legislador desconhecer que *errare humanum est*; assim, tendo sido cometido um erro, deverá ser ele corrigido por meio de lançamento de estorno, conforme previsão anotada no art. 2º, § 2º, do Decreto-Lei 486/1969.

> O não atendimento pelo empresário ou sociedade empresária dos requisitos extrínsecos e intrínsecos determinados em lei para sua escrituração contábil, para além de constituir um ilícito passível de punição fazendária, granjeia-lhe o dever de comprovar a regularidade de suas operações. Mais do que isso, constitui indício de prática de outros ilícitos, a justificar uma ampliação da investigação judiciária, inclusive com a inversão do ônus probatório.

2 Livro diário

Não é difícil perceber que estamos *fazendo mera magazine* na exposição da matéria. A função é ambientar no tema, mais do que ensinar sobre ela. Damos notícia, não mais que isso. A bem da verdade, não se ensina contabilidade, sequer noção de contabilidade, num capítulo de exígua duração, como este. Aliás, quem seríamos nós para versar sobre a matéria, nós que delas temos *notícias tardonhas*, suficientes para o diálogo com aqueles que, eles sim, são senhores desse mister e, assim, podem trabalhar juntos no desafio apresentado.

A proposta é mesmo uma simples revista: um dar a conhecer, ilustrar, sem fatigar, sem sentar atenção detalhada e minuciosamente técnica. São meros apontamentos para situar o profissional do direito – nomeadamente aqueles que não se dedicam ao direito empresarial – em meio ao desafio de se reconciliar com temas distantes do direito de família, mas que, por esse ou aquele caso, vencem a imobilidade das compartimentações disciplinares para vir dar com os costados na banca daquele a quem cabe lutar pela justa partilha de bens entre comunheiros.

Há manuais e há tratados sobre o tema, assim como, para o profissional do direito, há sempre a oportunidade do socorro confortável de um colega contabilista. Mas é bom ter uma ideia do que se passa para não se sentir perdido de tudo nessas horas. A isso pretendem servir estas linhas. Por exemplo: o principal instrumento de escrituração contábil – justo aquele que deverá merecer maior atenção nas investigações sobre a regularidade patrimonial com fins de partilha – é o livro diário, figura que tem sua sustentação legislativa no art. 1.180 do Código Civil. A razão de sua relevância é simples: nele são lançados, dia a dia, diretamente ou por reprodução, os atos ou operações da atividade empresarial, ou que modifiquem ou possam vir a modificar a situação patrimonial do empresário.

Noutras palavras, diário é um instrumento para a escrituração de todas as operações relativas ao exercício da atividade negocial, que são ali lançadas, de acordo com o art. 1.184 do Código Civil, com individuação, clareza e caracterização do documento respectivo. Esses lançamentos se fazem dia a dia, ou seja, seguindo rigorosamente uma ordem cronológica, concretizando-se por escrita direta ou reprodução.

Cada lançamento deve esclarecer (1) a data da operação, observando rigorosa sucessão de dia, mês e ano; (2) os títulos das contas de débito e de crédito; (3) o valor do *débito* e do *crédito*; e (4) o histórico, vale dizer, dados fundamentais sobre a operação registrada (número da nota fiscal, cheque, terceiros envolvidos etc.). Esse sistema tem por finalidade instituir uma forma confiável de controle dos lançamentos contábeis. Havendo suspeitas de fraude, o exame do livro diário, por um atento contabilista/auditor, pode revelar *rastros* que permitam a defesa dos interesses e direitos de terceiros, inclusive do ex-cônjuge e o do ex-convivente.

Não só o movimento cotidiano da empresa é anotado no livro diário. Aí também se anota, ao fim de cada exercício (cada *ano contábil*), o balanço patrimonial da atividade negocial, junto com os demonstrativos de resultado econômico da empresa, por expressa determinação do art. 1.179, *caput*, do Código Civil. Há, portanto, atendendo às referências do art. 175 da Lei 6.404/1976, um balanço patrimonial para cada exercício, cujo começo e término são fixados no ato constitutivo da sociedade empresária. O balanço patrimonial é uma tradução numérica do patrimônio (*universitas iuris*) da atividade negocial, ou seja, da coletividade de suas relações jurídicas ativas (nas quais é credor) e passivas (nas quais é devedor). Coerentemente, o art. 1.188 do Código Civil diz que o balanço patrimonial deve exprimir, de forma fiel e clara, a situação real da empresa, atendendo não só às peculiaridades da empresa, como também às disposições das leis especiais.

O balanço contábil é uma fotografia periódica (anual, habitualmente), em números, da atividade patrimonial: direitos (ativo) e deveres (passivo).

Refletindo a coletividade das relações jurídicas da empresa (*universitas iuris*), o balanço traz, em colunas diversas, dispostas lado a lado, seu ativo e seu passivo. O patrimônio ativo é composto pelas relações jurídicas econômicas nas quais o empresário ou sociedade empresária ocupa a condição de sujeito ativo: coisas de que seja proprietária, direitos de que seja titular, créditos de que seja credora. Em contraposição, no patrimônio passivo, registram-se as relações jurídicas econômicas nas quais se ocupa a posição de obrigado, de devedor, como valores devidos a fornecedores, mútuos e impostos a pagar etc. Por fim, na coluna do passivo, abaixo deste, efetua-se uma conta: do valor do patrimônio ativo, retira-se o valor do patrimônio passivo; retiram-se, também, o valor do capital registrado (para garantir a sua preservação nos fundos mercantis e, destarte, viabilizar a preservação da empresa) e outras verbas que se estudarão na sequência, chegando ao *patrimônio líquido da empresa*, também chamado de *recurso próprio* da empresa, *capital próprio* ou *capital líquido*.

O *caput* do art. 1.179 do Código Civil, para além do balanço patrimonial, obriga empresários e sociedades empresárias a levantar o *resultado econômico* da empresa. Um pouco adiante, o art. 1.184, § 2º, prescreve que devem ser lançados no livro diário o *balanço patrimonial e o de resultado econômico*, ambos assinados por contabilista, além do empresário ou representante da sociedade empresária. Não é só; o art. 1.189 utiliza-se de uma outra expressão, referindo-se a um *balanço de resultado econômico* ou *demonstração da conta de lucros e perdas*, que deverá acompanhar o balanço patrimonial, devendo conter informações sobre crédito e débito.

3 Valor probante da contabilidade

Prevê o art. 226 do Código Civil que a escrituração contábil faz prova contra o empresário ou sociedade (simples ou empresária) por ela responsáveis; aproveita-se do fato de serem declarações de sua autoria (ainda que produzidas a seu mando e em seu nome) e que, por lei, deveriam ser verdadeiras, caracterizando declaração livre e consciente que, como se sabe, tem o condão de obrigar o emitente (o declarante), como reconhecido pelo art. 219 do Código Civil. Essa regra é repetida pelo art. 417 Código de Processo Civil, ainda que licenciando ao comerciante demonstrar, por outros meios de prova permitidos pelo direito, que os lançamentos não correspondem à verdade dos fatos; essa licença deve ser interpretada restritivamente, não só para impedir argumentações que tenham por fim apenas retardar o procedimento judicial, como também para evitar o império da torpeza, sendo melhor compreendida quando se lhe reconhece a condição de via apropriada para a alegação de equívocos, imprecisões, erros etc.

Pelo ângulo oposto, embora se trate de declarações unilaterais, a escrituração pode fazer prova a favor do empresário ou da sociedade (simples ou empresária). O art. 8º do Decreto-Lei 486/1969 prevê o aproveitamento dos livros e fichas da escrituração empresarial a favor do empresário, mas desde que sejam mantidos com observância das formalidades legais. A regra é repetida pelo art. 226 do Código Civil: a escrituração contábil pode aproveitar-se a quem a produziu se não existe vício extrínseco ou intrínseco, bem como se os lançamentos forem confirmados por outros subsídios, a exemplo dos documentos relativos às operações anotadas. Some-se o art. 418 do Código de Processo Civil; embora se refira apenas a litígios entre comerciantes, esse limite perde razão de ser diante das normas anteriormente citadas.

Ademais, quando invocada pelo próprio empresário, a escrituração contábil deve ser compreendida como um todo, isto é, sem que sejam estabelecidas divisões, secções, aceitando alguns lançamentos e recusando outros. A estipulação é do art. 419 do Código de Processo Civil, que esclarece que, "se dos fatos que resultam dos lançamentos, uns são favoráveis ao interesse de seu autor e outros lhe são contrários, ambos serão considerados em conjunto como unidade". A regra não deve ser compreendida quando a escrituração faça prova contra o empresário ou sociedade (simples ou empresária) por elas responsáveis; por se tratar de documentação de produção unilateral, os fatos contrários escriturados interpretam-se, salvo a hipótese de serem ilididos, como confissões; o mesmo não ocorre com os fatos favoráveis escriturados.

Esse valor probante dos livros, todavia, não é amplo. Como se sabe da leitura do art. 212 e seguintes do Código Civil, há fatos jurídicos que exigem meio específico para a sua comprovação. É o que ocorre, por força do art. 108 do Código Civil, com os negócios jurídicos que visem à constituição, transferência, modificação ou renúncia de direitos reais sobre imóveis de valor superior a trinta vezes o maior salário mínimo vigente no país, para os quais a escritura pública é meio essencial de validade. Para esses e outros casos disciplinados em normas específicas, a prova resultante dos instrumentos de escrituração não será bastante.

4 Exibição da escrituração contábil

O sigilo da escrituração contábil é um paradigma clássico do direito empresarial. Um princípio já vetusto e que se sustenta em tudo o que foi dito anteriormente: o registro contábil oferece um retrato fiel do que é a azienda. Um concorrente que tenha acesso aos livros, relatórios e demonstrativos, bem como respectivos documentos, terá uma vantagem enorme: saberá custos, despesas, conhecerá fornecedores e consumidores, parceiros negociais, poderá deduzir tecnologias, insumos, vantagens de mercado as mais variadas. Protege-se a escrituração contábil para proteger a superioridade e a excelência que foram conquistadas pelo empresário, administradores, equipe, pela empresa, enfim, ao longo do tempo.

Não é pouco. O aspecto imaterial da empresa ganha mais e mais importância em nossos dias. Vários negócios que sejam constituídos iguais – idênticos! –, ao mesmo tempo, se desenvolverão de forma diversa conforme a habilidade de seus responsáveis e apresentarão realidades díspares após o transcurso do tempo. O que se fez estará registrado ou, no mínimo, refletido na escrituração contábil. Sua leitura dará parâmetros, indicará caminhos, apontará estratégias vitoriosas ou não, recomendará reformas etc. Eis o fundamento do princípio do sigilo da escrituração contábil.

Mas há o lado inverso, é claro: o princípio do sigilo da escrituração contábil faz com que a escrituração seja o lugar ideal para esconder alguma coisa. Justo por isso, como veremos adiante, garante-se amplo acesso por parte da fiscalização fazendária. É quanto basta para que se possa compreender que, dependendo da natureza do conflito e de seu objeto, a escrituração contábil poderá trazer uma explicação para o que se passou. Está formado um conflito entre interesses e faculdades: o sigilo, de um lado, o interesse do terceiro (o ex-cônjuge ou ex-convivente) em antagonismo. A solução afirma-se caso a caso. Mas, para entender isso, primeiro é preciso entender o plano normativo e teórico sob o qual galopam as questões postas em foco.

Em casos excepcionais, o art. 1.190 do Código Civil estabelece a possibilidade jurídica do pedido judicial – principal (como objeto da demanda, formulado na petição inicial, ainda que cautelar) ou incidental (formulado ao longo do procedimento) – de verificação dos instrumentos de escrituração, para, assim, verificar se foram observados os requisitos intrínsecos e extrínsecos estabelecidos em lei. Dessa forma, há uma presunção de que a escrituração é mantida com regularidade.

No entanto, permite-se a determinação judicial de exibição integral dos instrumentos de escrituração quando, em decisão fundamentada, demonstrar-se sua necessidade para que se resolvam litígios cuja causa de pedir corresponda àquelas anotadas no art. 1.191 do Código Civil. Em primeiro lugar, demandas que versem sobre sucessão de direitos, o que engloba a sucessão *causa mortis* (hereditária) e ou *inter vivos*, a exemplo das situações de alienação do estabelecimento, alienação de quotas de sociedade comercial, doação, arrematação judicial etc. Também permitem o deferimento da exibição integral dos instrumentos de contabilidade ações que tenham por causa de pedir uma comunhão de direitos ou interesses jurídicos, desde que a discussão principal, ou qualquer ponto acessório relevante, digam respeito à atividade empresarial; a situação mais comum, por certo, é a separação judicial do empresário ou sócio de sociedade empresária, havendo partilha de bens justificada por regime de comunhão – universal ou parcial – de bens.

Se é causa de pedir a existência de sociedade, permite-se igualmente a exibição integral dos instrumentos de contabilidade. Sociedade, também aqui, em sentido amplo, personalizada ou não, a incluir, até, a alegação de sociedade de fato (empresarial ou meramente civil, a exemplo da união familiar estável). Outro exemplo é a existência de demanda entre os membros de uma sociedade em conta de participação, que versa sobre o objeto do ajuste entre eles estabelecido – e não outros, já que o desbordamento da sociedade implica abandono da licença inscrita no art. 1.191 do Código Civil. Some-se, por óbvio, a pretensão de sócios e/ou acionistas, devidamente fundamentada. Cite-se o art. 1.021 do Código Civil, a afirmar que o sócio pode, a qualquer tempo, examinar a escrituração da sociedade empresária, incluindo o estado da caixa e da carteira da sociedade, salvo estipulação que determine época própria. A recusa permite pedido de exibição judicial; também é lícito o pedido quando, em determinada época própria, haja situação excepcional – a ser examinada pelo judiciário – que justifique a pretensão de exame extemporâneo da totalidade da escrituração.

O Código de Processo Civil prevê a possibilidade de pedido cautelar de exibição total da escrituração empresarial, incluindo balanços e documentos de arquivo; seria, portanto, um procedimento preparatório à demanda, mas que deveria demonstrar que a causa de pedir desta versa sobre uma das licenças legais alinhadas no art. 1.191 do Código Civil. A previsão foi ratificada pela Súmula 390 do Supremo Tribunal Federal (STF): "A exibição judicial de livros comerciais pode ser requerida como medida preventiva". Igualmente, pode ser formulado o pedido de exibição integral da escrituração durante a fase de instrução da demanda, como previsto pelo art. 420 do Código de Processo Civil.

Em qualquer das situações, é fundamental que o empresário ou sociedade seja parte da demanda, o que, destarte, justificaria a obrigação de suportar a quebra do sigilo empresarial. Se o empresário ou sociedade empresária se recusa a apresentar os livros, diante da determinação judicial, o juiz poderá ordenar a sua apreensão judicial. A exibição se fará perante o judiciário, a quem os livros deverão ser confiados, conforme diz o art. 1.191, § 2º, do Código Civil, sendo que, se os instrumentos de escrituração se encontram em outra jurisdição, nela se fará o exame, perante o respectivo juiz. Entretanto, prevê o art. 1.191, § 1º, que o judiciário poderá, ao determinar a exibição, ordenar que o exame se faça na presença do empresário ou da sociedade a que pertencem ou de pessoas por estes nomeadas. Igualmente pode ser licenciada a confecção de apontamentos para que se permita extrair da escrituração os elementos que interessem diretamente à questão em debate. Em todas essas hipóteses – exame perante o juiz, ou perante serventuário da justiça por este designado para acompanhar o exame, perante o empresário ou sociedade empresária a que pertence a escrituração ou, finalmente, perante pessoa nomeada pelo empresário ou sociedade empresária –, realça-se a imprescindibilidade de preservar o sigilo empresarial (especificamente escritural, no caso), cuja exceção ali verificada justifica-se apenas nos limites do litígio, não além.

Também pode haver determinação de exibição parcial, conforme previsão anotada no art. 421 do Código de Processo Civil: ordena-se a exibição dos lançamentos contábeis que interessam ao litígio, extraindo suma ou reprodução autenticada. A exibição parcial preserva o sigilo da escrituração, em sua totalidade, ao mesmo tempo em que afirma a sua função de meio de prova das atividades empresariais. É medida que não se encontra limitada à casuística do art. 1.191 do Código Civil, mas alcança todas as demais demandas, desde que a exibição do lançamento correspondente possa ser útil à solução do litígio, como deverá ser demonstrado pela fundamentação da decisão judicial, tomada *ex officio* ou a pedido da parte contrária. A recusa de apresentação do excerto, nesses casos, não determina apreensão judicial do instrumento de escrituração, mas, na forma do art. 1.192, *caput*, implica que se tenha como verdadeiro o alegado pela parte contrária para provar pelos livros. O legislador, contudo, hesitou, estabelecendo no parágrafo único desse artigo que a confissão ficta, resultante da recusa de exibição parcial, pode ser elidida por prova documental em contrário.

6

Partilha da empresa ou da participação societária

1 Valor patrimonial de quotas e ações

Embora ainda não tenhamos falado de fraudes propriamente ditas, esperamos já ter ambientado o leitor a esse universo tão instigante que é a empresa, nomeadamente as corporações. Quando cuidarmos de exemplos de fraudes nos três últimos capítulos, estaremos *fazendo magazine*, uma vez mais: serão ilustrações. A grande questão é que fraudes, para serem eficazes, devem surpreender e, assim, dificilmente acomodam-se em arrolamentos predefinidos. Quem corre o risco de *refraudar*, vale dizer, de aplicar o mesmo golpe, amplia as chances de ser descoberto. Por isso, o que alinda o ardil é a busca da variação que dribla a percepção e alcança a meta: a burla. Por isso a proposta deste livro é ambientar: instigar os instintos, apontar os indícios, fortalecer as posturas que, ao fim e ao cabo, permitem detectar o que se passou e evitar que a casa redesabe, na expressão de Mário de Andrade.

"A gente nem respira e a vida já fica tão de ontem!"[1] A fraude tem esse dom ou vocação, senão o estigma: renova-se para se manter crível. Precisa

---

1 ANDRADE, Mário de. *Amar, verbo intransitivo*: idílio. 11. ed. Belo Horizonte: Itatiaia, 1984. p. 101.

fingir uma licitude e regularidade que se aparente muito verdadeira. Daí a razão de todas estas parolagem: ambientar o leitor, acostumar-lhe os olhos. Miramos construir uma narrativa técnica que crie certa noção intuitiva para perceber vestígios: rastros que apontem trilhas que mereçam mais atenção e investigação. É preciso vencer a repugnância ao ambiente estranho da empresarialidade, desmistificar suas estruturas, para que a diferença entre joio e trigo seja possível de observação e reparo.

Entrementes, já sabemos e temos claro que a condição de sócio comporta uma dúplice análise: patrimonial e social. Sob o enfoque patrimonial, a quota ou ação são bens jurídicos e têm valor econômico: valem dinheiro. A quota e a ação, por outro lado, são títulos sociais e, assim, atribuem ao quotista ou acionista faculdades junto ao restante do conjunto societário, nos limites que são definidos, em primeiro lugar (e em hierarquia normativa superior) pela legislação (nomeadamente o Código Civil e a Lei 6.404/1976), e pelo ato constitutivo, em segundo lugar, e nos espaços franqueados pela legislação. O direito de participar das deliberações sociais, de votar para a escolha do administrador societário, de aprovar ou não suas contas são faculdades sociais.

É fundamental pôr reparo na questão da hierarquia normativa em relação à regência das sociedades. Embora não se possa chamar de fraude, em sentido estrito, é possível que sejam dispostas no ato constitutivo, por conluio entre os sócios, cláusulas que tenham por objetivo cercear as faculdades patrimoniais do terceiro, na hipótese de partilha ou sucessão nos títulos societários. A validade e/ou a eficácia de tais disposições, entre os próprios sócios ou quiçá em relação a terceiros que por elas sejam afetadas por eventos como o divórcio, a dissolução de união estável ou a sucessão causada pela morte, podem ser contestadas: contrastar a norma individual (o ato constitutivo) com a norma geral para avaliar a legitimidade do específico sobre o geral: pode o microssistema afetar direitos de terceiros garantidos pelo macrossistema?

A resposta parece simples e direta, mas não é. Há que se considerar o caso concreto para avaliar a exata extensão da previsão contratual ou estatutária e compreender como se assenta no sistema. Não são raros os casos em que há que se respeitar o microssistema por sua finalidade e principiologia legítimas. Exemplo mais fácil não há que as sociedades profissionais de atividades regulamentadas e de exercício restrito (advocacia, medicina, engenharia) em que as limitações podem expressar apenas a respectiva lógica profissional. Não há como definir uma fórmula exata que se aplique a todos os casos; não há um algoritmo (para usar expressão *da moda*) que dê solução inequívoca para tais situações. É preciso verificar caso a caso, entender as implicações e equacionar o desafio colocado pelos sistemas (micro *versus* macro), considerando inclusive a *finalística* (a intenção) por trás do estabelecimento dos parâmetros investigados.

Visto isso, retomemos a compreensão das quotas e das ações em sua qualidade de títulos patrimoniais, ou seja, de bens jurídicos. A partir da titularização de parcela do capital social, o sócio faz jus a uma participação proporcional do patrimônio societário, além de ter direito, por igual, de participar dos resultados (lucros eventualmente verificados) da atividade negocial. Aliás, embora o lucro não seja da essência da atividade negocial (simples ou empresária), lhe é próprio e, mesmo, decorrente e consequente. Não é da essência por que a ausência de lucro não descaracteriza uma atividade negocial, nem mesmo uma empresa. É o que se passa com uma faca: furar e cortar não é da essência de uma faca, embora lhe seja próprio (é o seu fim); será uma faca embora não fure ou corte, embora tenha sido constituída para isso.

O mesmo se passará com uma sociedade negocial (simples ou empresária). O lucro lhe é próprio; foi instituída, legal (previsão geral) e individualmente (constituição em cada caso), para isso. Não deixará de ser sociedade se não lucrar; será sociedade, embora sem atingir sua finalidade. Pode haver exercícios seguidos de prejuízo e, ainda assim, uma empresa será uma empresa. Mas seu fim é a produção de *superávit* e, enfim, sua distribuição aos sócios; é o fim, mesmo quando não é alcançado: a azienda se manterá enquanto for possível e, não sendo, resta-lhe a liquidação, ainda que como resultado de uma falência (se sociedade empresária) ou insolvência civil (se sociedade simples).[2]

---

2 Infelizmente, ao arrepio de autorização legal, verificam-se decisões judiciais que concedem recuperação judicial a pessoas jurídicas não empresárias; isso, mesmo depois de a alternativa ter sido discutida pelo Congresso Nacional e ali recusada: emenda da Senadora Mara Gabrilli ao Projeto de Lei 4.458/2020 (que se tornou Lei 14.112/2020), propunha a extensão do regime de recuperação (judicial e extrajudicial) aos demais entes privados (além das empresas); a proposta foi rejeitada a partir de parecer do relator, Senador Rodrigo Pacheco, ao fundamento de que "eventual inclusão deles no sistema empresarial, como prevê a emenda, irá levar muitos deles à falência, com danos irreversíveis para seu

Reiteramos: ainda que não seja da substância das sociedades (simples e empresárias), existem elas justamente para isso: a realização da atividade negocial e, a partir dela, a produção de saldos positivos (*superávit*) que, retirados do patrimônio social, são distribuídos aos sócios, remunerando o capital que investiram para a constituição da pessoa jurídica. Essa operação ficou clara no capítulo em que foram narradas noções elementares de contabilidade societária: o balanço chega a um resultado para o exercício (encontro entre ativo e passivo); dele se retira o valor do capital social (que deve ser preservado na azienda: princípio da preservação do capital social) e apura-se um resultado final: lucro (*superávit*) ou prejuízo (*déficit*). Havendo *superávit*, então, os sócios deliberam sobre o seu destino, como distribuir lucros, aumentar o capital social, formar reservas, fundos ou provisões.

De qualquer sorte, facilmente se percebe que as quotas ou ações são bens jurídicos que compõem o patrimônio econômico de cada sócio. Na eventualidade de dissolver-se a sociedade, sobrando valores após o pagamento de todos os credores, o sócio terá direito a uma fração correspondente às quotas ou às ações que detenha; se tinha 10% das quotas ou ações e, ao final da liquidação, sobraram dez milhões de reais, um milhão será seu. Excetuam-se as sociedades cooperativas; por sua natureza jurídica, permitem apenas a indenização daquilo que o cooperado investiu, com correção monetária e juros; se as sobras superam tal valor, deverão ser destinadas a uma entidade sem fins lucrativos ou aos cofres públicos.

> Quotas e ações de sociedades (simples ou empresárias) são bens jurídicos e têm expressão pecuniária (valor econômico), razão pela qual devem ser partilhadas se compõem o patrimônio comum resultante de casamento ou união estável.

Ademais, por serem bens jurídicos, as quotas ou ações podem ser negociadas (comportam *cessão*), embora haja restrições em alguns casos: (1) as cooperativas, nas quais a quota somente pode ser transferida àquele

---

patrimônio e imagem profissional". As decisões em sentido contrário apenas espalham insegurança jurídica: neste momento, é impossível saber aonde tudo isso levará.

que, preenchendo as condições para ser um cooperado, é admitido na sociedade; (2) as sociedades por quotas constituídas em função das pessoas (*intuitu personae*), nas quais a condição de sócio é fruto de um mútuo reconhecimento e aceitação pela coletividade social; nesse caso, aquele que adquire as quotas (*cessionário*) somente será membro da sociedade se for aceito pelos demais sócios.

2 Comunhão de quotas e ações

No ponto em que estamos, será preciso observar algumas particularidades técnicas. O leigo dirá serem meras filigranas inúteis; mas a melhor ciência dá atenção aos detalhes, bem o sabemos. Na engenharia, os milímetros importam. No direito, os detalhes conceituais que constroem distinções e particularidades também importam. Não é levar o detalhe a gastar o raciocínio, mas a ganhar a qualidade das pequenas diferenças que, sim, podem ser exatamente aquilo que garanta o bom funcionamento das coisas e, mais do que isso, a segurança jurídica que satisfaz, quiçá apascenta, o que não é pouco.

A premissa foi estabelecida ao final da última seção: consequência do fato de constituírem direitos pessoais com expressividade patrimonial econômica, as quotas ou ações que componham o eventual patrimônio comum da unidade afetiva (casamento ou união estável). Na mesma linha, mais do que se aplicarem as regras ordinárias sobre eventual composição de um patrimônio comum e sua partilha, são passíveis de transferência (cessão), que poderá ser onerosa ou gratuita, bem como sucessão em virtude da morte do titular (quotista ou acionista), como já visto.

No entanto, recuperando outra referência para, enfim, casá-las, nunca se pode esquecer que a pessoa dos sócios é distinta da pessoa da sociedade, assim como o patrimônio do sócio é distinto do patrimônio da sociedade. Perdoem-nos por esse virar o olhar para trás por temer perder o que se passou. De fato, são incontáveis os casos em que reside aí o engano que pretexta conflito, litígio: a confusão entre o que é do sócio e o que é da sociedade. O que constará do patrimônio comum são as quotas ou as ações, nunca o patrimônio da sociedade. A ladainha se repete: partilham-se as quotas ou as ações, não o patrimônio societário. O ex-cônjuge, o ex-convivente, a meeira ou o(s) herdeiro(s) receberão tais quotas ou ações e não parte da empresa. Haverá ainda que realizar esse direito, se possível, conforme as circunstâncias de cada sociedade (tipo, ato constitutivo etc.).

Quantas vezes vimos escachoar – sim, o som das águas nas cascadas – lamúrias sem razão sobre o absurdo de o magistrado que preside a separação não ter resolvido logo a questão e entregado para o comunheiro os bens e/ou o dinheiro? O que custava apurar e já entregar os valores *de cara*? Custava muito. Haveria que esticar um processo de direito de família para o tornar um feito de direito empresarial, criando sempre-juntos artificiais: aqui o casal, acolá a coletividade de sócios; aqui a união afetiva, lá a empresa (ou atividade negocial, se sociedade simples). Seria preciso retornar a um estágio jurídico excessivamente primitivo – quiçá salomônico – para improvisar caminhos para ir resolvendo tudo à revelia do devido processo legal.

> Partilham-se quotas ou ações. Isso não quer dizer partilhar a empresa. Há outros sócios. Se da partilha resultam quotas ou ações atribuídas ao ex-cônjuge ou ex-convivente do sócio, haverá que ser adotado procedimento próprio – diverso do divórcio ou da dissolução – para realização pecuniária da faculdade resultante da meação.

Aliás, a questão vence – e muito – o âmbito meramente familiar. O direito à meação se resolve no juízo das famílias, é certo. No entanto, a questão corporativa é mais complexa e oferece uma dificuldade maior. Afinal, há regras positivadas que dão regência específica a cada tipo societário, entre os tantos sobre os quais já demos notícias anteriormente. Basta imaginar a diferença que haverá se o esforço gravita em torno a uma sociedade de profissionais liberais – dentistas, por exemplo – ou de uma grande sociedade anônima.

Justo por isso, é preciso compreender por que a técnica processual estabelece haver dois momentos diversos. E ao juízo familiar, para além das questões relativas à dissolução dos laços afetivos, corresponde apenas a partilha dos bens. Noutras palavras, ali se apura o que cabe a cada uma das partes, ou seja, quais bens comporão, em concreto, a parte do patrimônio comum que se destinará a cada um dos ex-cônjuges ou ex-conviventes.

Aquele a quem couber quotas ou ações, este sim, deve exercer os direitos sociais e patrimoniais correspondentes aos títulos, o que inclui, nas sociedades por quotas, o direito de recesso, ou seja, o direito de retirar-se da sociedade. A essa altura, não havendo acordo com os demais sócios quotistas, poderá ser movida ação objetivando a resolução da sociedade em relação à participação societária que coube ao ex-cônjuge ou ex-convivente, comumente chamada de dissolução parcial da sociedade, feito que é próprio do juízo ao qual a Lei de Organização Societária (estadual) atribuiu a competência para examinar os conflitos societários.

De qualquer sorte, como sói acontecer com bens de outra natureza, também em relação às participações societárias é preciso atenção para o regime patrimonial pelo qual se rege a unidade afetiva (casamento ou outra), a partir da qual se determinará o que compõe e o que não compõe o patrimônio comum. Essa discussão tem grassado os tribunais. Julgando o Agravo de Instrumento 70025756503, o Tribunal de Justiça do Rio Grande do Sul reconheceu a verossimilhança nas alegações do varão de que as quotas dos sócios seriam patrimônio exclusivo seu, em sub-rogação a quinhão hereditário recebido por ocasião da morte da mãe. No corpo do acórdão, o relator, Desembargador Rui Portanova, reconheceu haver bons indícios de que as quotas sociais fossem patrimônio exclusivo do varão. Transcreveu, em seu socorro, o parecer ministerial: as quotas sociais diziam respeito à sociedade que fora constituída logo após a partilha dos bens resultantes da morte da genitora do varão, com integralização feita por meio das mercadorias oriundas de seu quinhão hereditário, mantendo-se até o mesmo estabelecimento. "Na realidade, o que ocorreu foi a substituição de uma empresa por outra, com novos sócios (os herdeiros) utilizando o mesmo capital social pertencente à empresa."

Outro ponto já pacificado no judiciário é a afirmação de que o ingresso em sociedades, simples ou empresárias, após a separação de fato, mesmo não tendo havido conclusão da partilha dos bens, não implica comunhão das respectivas quotas ou ações. Atente-se para o julgamento do Recurso Especial 330.953/ES pela Quarta Turma do STJ. No caso, M. R. G. ajuizou ação de divisão de bens, em face de A. C., de quem era divorciada, alegando, em síntese, ter havido sonegação da existência de patrimônio do casal, por parte de seu ex-marido, quando da propositura da separação judicial. Ressaltou, na oportunidade, que nenhum bem foi arrolado na separação, muito embora o casal possuísse quotas de uma sociedade, adquiridas na constância do casamento. O juízo de primeiro grau julgou procedente o pedido, condenando o réu ao pagamento de 50% do valor das ações da sociedade, cabendo à autora, por conseguinte, quarenta mil reais. O réu apelou sustentando, preliminarmente, prescrição do direito de ação. No mérito, alegou que a aquisição do bem em litígio se deu sem a contribuição da autora, porquanto ambos já estavam separados de fato. O recurso foi provido pela colenda Terceira Câmara Cível do Tribunal de Justiça do Estado do Espírito Santo, seguindo-se recurso especial para o STJ. Julgando a demanda, como se afere do voto do relator, Ministro Jorge Scartezzini, os julgadores anotaram que, incontestavelmente, a doação das quotas da sociedade ao recorrido se deu após a separação de fato. Nesses casos, essa Corte tem entendido que os bens havidos após a separação de fato não integram a partilha. Os julgadores ainda citaram, como precedente, o julgamento, pela mesma Câmara, do Recurso Especial 40.785/RJ, no qual se decidiu: "Não integram o patrimônio, para efeito da partilha, uma vez decretado o divórcio direto, os bens havidos após a prolongada separação de fato".

3   Fraude contra terceiros

Embora a tônica deste livro seja a prática de atos ilícitos realizados por um dos cônjuges ou conviventes, em desproveito do outro, visando a fraudar a partilha do patrimônio comum, não é raro constatar situações nas quais os próprios cônjuges urdem cenários simulados, designadamente por meio de uma separação de direito, sem que haja separação de fato. Essas operações têm por objetivo proteger parte do patrimônio do casal por meio da partilha, não sendo raras as situações nas quais ao cônjuge devedor sobra a parte menor na divisão patrimonial.

Um exemplo foi o julgamento do Recurso Especial 151.305/SP pela Quarta Turma do STJ, sendo relator o Ministro Barros Monteiro. Naquele feito, uma massa falida ajuizara ação revocatória contra um dos sócios administradores da sociedade falida e sua ex-esposa, insurgindo-se contra uma sentença homologatória de partilha dos bens do casal em separação consensual, por meio da qual os bens de maior valor ficaram com a ex-mulher, evidenciando a intenção de desviar os bens particulares do ex-administrador, tornados indisponíveis pela decretação da liquidação extrajudicial. Pediu a revogação da partilha, anulando-se a sentença homologatória, a fim de que os bens voltem a integrar o patrimônio do réu varão. Na contestação, os réus arguiram a incompetência do juízo, a impossibilidade jurídica do pedido e a decadência. O juízo cível do Foro Central da Comarca de São Paulo, considerando que da partilha efetuada transparece desequilíbrio absoluto, com a destinação da maior parte dos bens à ex-mulher, julgou procedente o pedido para revogar, relativamente à massa falida, a partilha celebrada entre os réus. O Tribunal de Justiça de São Paulo (TJSP), à unanimidade, confirmou a sentença. Não foi diferente a posição do STJ.

O Ministro Barros Monteiro, contudo, fez um reparo: que, ao formular o pedido, incorreu em mínima impropriedade técnica, de natureza terminológica: a ação foi denominada como *ação revocatória*, mas, ao fecho do petitório inaugural, postulou-se a revogação da partilha, *ficando por consequência nula a sentença homologatória proferida nos autos da separação consensual*. Os réus muito se apegaram a tal alusão à *nulidade da sentença homologatória*, mas os Ministros entenderam que essa falha seria desprovida de qualquer significado jurídico, não surtindo da simples impropriedade de nomenclatura os efeitos por eles pretendidos. A ação é revocatória, e não anulatória de partilha. Quanto a isso, eis a ementa: "Referência, no pedido, à anulação da partilha realizada, que deve, no entanto, ser compreendida como menção à *ineficácia do ato em relação à massa falida*. Ao juiz é permitido conferir aos fatos narrados na inicial qualificação jurídica diversa da que lhe atribuiu o autor".

Não houve aí transmutação do pedido, mas mera compreensão do que efetivamente fora pleiteado. O pedido inaugural é inequívoco no que tange à causa de pedir: os réus procederam à partilha na separação consensual de maneira desigual, ficando os bens de maior valor com a varoa, daí decorrendo o escopo de desviar bens particulares do sócio-gerente que, àquela altura, já se encontravam indisponíveis, nos termos do art. 36 da Lei 6.024/1974. Justamente por isso, aliás, "ressai nítida e inabalável a competência do juízo falimentar para processar e julgar a ação revocatória".

Por fim, os julgadores examinaram a existência ou não de fraude praticada pelos cônjuges: "decretada a liquidação extrajudicial da empresa, sete meses, após os réus requereram a separação consensual na Comarca de Belo Horizonte. Quase um ano depois, foi homologada a partilha dos bens do casal, os quais – os de maior valor e na quase totalidade – foram atribuídos à ex-mulher. O julgado recorrido concluiu que tal ato teve como finalidade a de desfalcar o patrimônio do varão e de, por via de consequência, retirá-lo dos efeitos da liquidação e, posteriormente, da falência. Em outra vertente, o *decisum* reputou que a varoa tinha conhecimento da restrição legal que recaía sobre aqueles bens". Os ex-cônjuges alegaram não haver comprovação do *consilium fraudis*, tampouco do intento de prejudicar credores. Os Ministros, contudo, entenderam que, "tratando-se de marido e mulher, na forma como retratados os fatos pelas instâncias ordinárias, a fraude encontra-se *in re ipsa*".

Arrematou-se: "tornada sem efeito a partilha realizada nos autos da separação consensual com referência à massa falida, outra deverá ser promovida com a observância dos princípios e regras legais, isto é, o perfeito equilíbrio na repartição dos bens entre os corréus, preservando-se, destarte, de um lado, a meação da varoa, e de outro, a meação do varão, esta última, sim, sujeita aos efeitos da liquidação extrajudicial, posteriormente convolada em falência".

4 Partilha de quotas ou ações

Quando a sociedade seja composta apenas pelos cônjuges, a solução será, no âmbito do juízo da separação, atribuir às partes (cônjuges ou conviventes) as quotas respectivas, conforme a distribuição de bens na partilha. Partilham-se as quotas, não a sociedade ou a empresa. O mais usual é atribuir a cada um a mesma participação societária: imagine-se que, no contrato social, o varão detivesse 90% das quotas; destes, 45% atribuem-se à varoa; por seu turno, dos 10% detidos pela varoa, atribuem-se 5% ao varão. Fechando as contas, ambos ficarão com 50% do capital social. Contudo, é possível que a maior participação de um dos cônjuges em outro ou outros bens tenha por resultado menor participação no capital social desta ou daquela sociedade.

Havendo mais sócios, a partilha da participação societária conhece dois cenários diversos, conforme a natureza da sociedade empresarial: sociedade *intuitu pecuniae* ou sociedade *intuitu personae*, como estudado anteriormente neste livro. Assim, nas sociedades constituídas visando primordialmente à realização do capital, independentemente de quem seja o seu titular (sociedades *intuitu pecuniae*), os herdeiros e/ou a meeira recebem as quotas ou ações e, assim, assumem a condição de sócios. O mesmo se passará com o ex-cônjuge ou ex-convivente, havendo partilha de patrimônio comum. É o que se passa em todas as sociedades por ações. Nas sociedades contratuais, será preciso examinar o contrato social para aferir o intuito da contratação societária. De qualquer sorte, havendo contratação *intuitu pecuniae*, a partilha conclui-se pela admissão do(s) novo(s) sócio(s) que, assim, passa(m) a experimentar plenamente a vida societária, com suas obrigações e direitos.

> • A partilha da participação societária, nas sociedades *intuitu pecuniae*, conclui-se com o comunheiro (ex-cônjuge ou ex-convivente) assumindo a condição de sócio, ele próprio.
> → Nas sociedades *intuitu personae*, essa admissão precisará ser aprovada pelos demais sócios.

Nem sempre, contudo, a partilha das quotas implicará a aceitação, como sócio, de um terceiro, ou seja, do(a) meeiro(a). Como visto, é lícito que a sociedade por quotas tenha a sua contratação calcada no mútuo reconhecimento e aceitação entre os sócios (sociedades *intuitu personae*); nesses casos, o ex-cônjuge ou o ex-convivente receberão as quotas que lhe cabem na partilha, já que são bens jurídicos com expressão econômica, mas não assumirão, necessariamente, a condição de sócios, já que esta depende da anuência dos demais sócios. Essa aprovação variará conforme o tipo societário: na sociedade simples comum, sociedade em nome coletivo e sociedade em comandita simples, será preciso aprovação pela totalidade dos demais sócios. Na sociedade limitada, aprovação por sócios que representem 75% do capital social; ou seja, sócio ou sócios que representem a menor fração superior a 25% do capital social têm o poder de se opor ao ingresso do herdeiro, ex-cônjuge ou ex-convivente na sociedade. Não se perca de vista, contudo, que o contrato social, em qualquer caso, pode alterar essa regra, prevendo percentuais maiores ou menores, bem como estabelecendo a livre circulação dos títulos, ou seja, transformando a sociedade em *intuitu pecuniae*.

Se o ex-cônjuge, o ex-convivente, a meeira ou, até, o(s) herdeiro(s) não forem aceitos pelos demais sócios, a solução será a resolução do contrato social em relação àquela(s) quota(s), isto é, a dissolução parcial da sociedade, se o(s) outro(s) sócio(s) não decidir(em), como é sua faculdade, pela dissolução plena da pessoa jurídica. Como se estudará na sequência, essa resolução se faz por meio de procedimento específico, a incluir a apuração de haveres e, enfim, a partilha do patrimônio societário.

Essas regras foram aplicadas pela Terceira Turma do STJ quando do julgamento do Recurso Especial 114.708/MG. No caso, a ex-cônjuge varoa propusera ação de dissolução e liquidação contra a sociedade e os seus sócios; pretendia, assim, a resolução da sociedade em relação às quotas que lhe couberam na partilha dos bens do casal, resultado da separação judicial: 175 mil quotas em uma das sociedades e um milhão de quotas em outra, equivalentes à metade da participação do ex-marido nas sociedades. Sustentou que não haveria "elo fundamental e essencial à sua permanência no corpo social das duas empresas, faltando-lhe *affectio societatis*, devido, principalmente, à forma como foi admitida nas sociedades e que não conseguiu ser aceita no convívio social".

A sentença julgou o pedido improcedente, mas o então Tribunal de Alçada de Minas Gerais deu provimento à apelação, decretando a dissolução parcial da sociedade e determinando o pagamento dos haveres da autora, na proporção de sua participação societária, nestes termos: "A despeito das opiniões em contrário e da jurisprudência que se torna majoritária a respeito do tema, estou convencido de que não tem como se sustentar a exegese que impede que a mulher casada e/ou os herdeiros do sócio possam pedir a dissolução parcial da sociedade para a sua exclusão quando recebem as quotas sociais na separação judicial ou no inventário. (...) Não está, destarte, a autora obrigada a permanecer como sócia nas referidas empresas mercantis, se dissolveu a sociedade conjugal, que era muito mais importante, donde não se aplicar à espécie de vedação de transferência de quotas a que se refere o art. 334 do Código Comercial [art. 1.003 do Código Civil de 2002], porque a mulher casada não é terceiro, mas sócia para todos os efeitos legais. Não se trata, pois, de transferência de quotas por ato voluntário do sócio, mas de desdobramento das quotas sociais de quem já era sócia pela comunicação decorrente da comunhão universal de bens do casamento. (...) A dissolução parcial da sociedade pode assim ser pedida pela mulher que recebeu quota social na separação judicial se não pretende nela continuar, pelo que se impõe reformar a sentença".

No STJ, essa posição saiu vitoriosa, em acórdão assim ementado: "O cônjuge que recebeu em partilha a metade das cotas sociais tem legitimidade ativa para apurar os seus haveres". O voto vencedor, de lavra do Ministro Carlos Alberto Menezes Direito, que assim posicionou a questão: "No caso da partilha decorrente da separação judicial, a mulher ficou com a metade das quotas sociais, ou seja, essa metade já não integra mais o patrimônio do ex-marido, que, assim, na qualidade de sócio detém, tecnicamente, apenas, a metade das ações que possuía antes. A outra metade não mais lhe pertence. As quotas pertenciam à comunhão, que foi desfeita, repartindo-se a propriedade. Não deixou a partilha que as quotas ficassem em condomínio. Deu a parte de cada um. Tem ela, portanto, metade das quotas sociais, mas não é sócia, não pode ingressar automaticamente na sociedade, salvo previsão contratual ou consentimento dos demais sócios. (...) Reconhecendo a controvérsia sobre a matéria e a linha do precedente da Corte, entendo agora que a mulher que recebeu em partilha a metade das cotas sociais tem legitimidade ativa para apurar os seus haveres (...) Não autorizar que tal seja possível, ou seja, vedar a legitimidade ativa nesses casos, significa negar valor ao bem partilhado, gerando consequências lesivas ao patrimônio do cônjuge meeiro. Se sócio não é, não se lhe pode negar o direito de apurar os seus haveres, que judicialmente foram-lhe deferidos".

A tal posição aderiu o Ministro Eduardo Ribeiro: "A mulher, ora recorrida, era, com seu marido, comunheira dos bens, entre eles as quotas sociais a cujo respeito se litiga. Dissolvida a sociedade conjugal, aquelas lhe couberam. Argumenta-se que não era sócia e que não poderia adquirir essa qualidade sem o consentimento dos demais. E se não é sócia não pode pleitear a apuração de haveres. Isso significa, como observou o Ministro Menezes Direito, que, na prática, as quotas não teriam valor econômico algum. Por não ser sócia, não lhe seria dado participar dos lucros. Pela mesma razão, não pode pedir a apuração de seus haveres. Tal solução, a meu ver, não se compadece com nosso sistema jurídico. Cumpre ter-se em conta que não se trata aqui de alienação de quota, expressa ou implicitamente vedada pelo contrato social, negócio a que se pode negar eficácia perante a sociedade. Considero que, nas circunstâncias, ou se admite a mulher na sociedade, ou se procede à dissolução parcial. Privá-la de qualquer direito é inadmissível".

> Se da partilha não resulta aceitação do novo sócio, haverá resolução do contrato social em relação às respectivas quotas (dissolução parcial da sociedade), com apuração de haveres e partilha do patrimônio societário.

Por outro lado, havendo a admissão do sócio – como ocorre, necessariamente, nas sociedades por ações –, o ex-cônjuge, o ex-convivente, a meeira ou, até, o(s) herdeiro(s) assumirão a condição de sócios, quotistas ou acionistas. A assunção da condição de sócio implica assumir todos as obrigações respectivas, entre as quais a atuação harmônica, a bem da realização do objeto; para traduzir essa dimensão da existência societária, fala-se em *affectio societatis*, vale dizer, uma *afeição societária*, ou *afeição para a sociedade*, ou *afinidade societária*. Não se trata, todavia, de relação emocional, mas de um comportamento que revele, objetivamente, atuação coerente com a condição de sócio, ou seja, de partícipe de uma atuação conjunta, fruto da adesão ao negócio jurídico plurilateral. Atuação, portanto, de boa-fé, a favor do sucesso do empreendimento, podendo responder civilmente pelos danos que causar à sociedade ou a qualquer um dos sócios por desrespeito a tal regra.

Não é só; se aceita assumir a condição de sócio, o ex-cônjuge, o ex-convivente ou o herdeiro também estará obrigado às contribuições sociais, feitas de acordo com o que foi estipulado no contrato social, se os títulos societários (quotas ou ações) ainda não estiverem integralizados, lembrando que o contrato social pode estipular que a integralização (o desembolso do valor das quotas ou ações) pode ser feita quando da assinatura do contrato ou posteriormente, inclusive em parcelas. Está inadimplente aquele que deixa de contribuir para a sociedade, na forma e no prazo previstos no contrato social. Em se tratando de prestação líquida e certa, como o pagamento de certa quantia em dinheiro, a sociedade poderá executar o contrato social contra o sócio devedor (*sócio remisso*, segundo o Código Civil). Poderá, ainda, notificá-lo de sua mora, assinalando-lhe prazo de trinta dias para saldá-la, sem o que responderá pelo dano que a sociedade sofreu pelo inadimplemento. Os demais sócios, por outro lado, poderão preferir à indenização a exclusão do sócio remisso, ou mesmo a redução de sua quota ou quotas ao montante já realizado. Essa deliberação será tomada pela maioria simples dos demais sócios, aplicado o art. 1.004, parágrafo único, do Código Civil.

5 Sobrepartilha

Também em relação às participações societárias, sejam quotas ou ações, é possível o pedido de sobrepartilha. Vale dizer, se o ex-cônjuge ou ex-convivente sonegar a existência de quotas ou ações, poderá ser formulado pedido de sobrepartilhamento, conforme previsão anotada no art. 669 do Código de Processo Civil. Embora o pedido seja de sobrepartilhamento, "o nome atribuído à ação é irrelevante para a aferição da sua natureza jurídica, que tem a sua definição com base no pedido e na causa de pedir, aspectos decisivos para a definição da natureza da ação proposta". Foi o que decidiu a Terceira Turma do STJ, quando julgou o Recurso Especial 509.300/SC. No caso, em lugar de pedir a sobrepartilha, a ex-cônjuge virago ajuizou "ação anulatória de acordo de separação".

Neste precedente, o relator, Ministro Humberto Gomes de Barros, destacou um trecho do acórdão do Tribunal Catarinense: "na espécie, de uma leitura algo inatenta da inicial da *ação anulatória* extraio pretender a agravada obter metade das cotas sociais das empresas que, à época da separação, pertenciam ao casal, pretensão fundada não nos alegados dolo e simulação na sonegação de bens mas sim na sonegação em si". Concluiu o Ministro: "A ora recorrida, claramente, reclamou da sonegação dos bens, por conseguinte, o juiz não decidiu fora dos limites em que foi proposta a lide, bem como a adequação da ação decorreu da análise do pedido e da causa pedir".

A Terceira Turma do STJ, julgando o Recurso Especial 770.709/SC, declarou: "Os bens sonegados na separação judicial sujeitam-se à sobrepartilha; se a finalidade visada é a de integrar no patrimônio comum bens que nela deixaram de ser arrolados, não há necessidade de anular a partilha". Note-se que, nesse mesmo precedente, afirmou-se que a sobrepartilha sequer pressupõe a realização do previsto em algum dos incisos do art. 669 do Código de Processo Civil. Esse entendimento já fora esposado pela Terceira Turma do STJ quando examinou o Recurso Especial 95.452/

BA: "Bens não arrolados para serem partilhados, hão de expor-se a sobrepartilha. Não importa se a falta deixa de enquadrar-se no dispositivo citado [art. 1.040 do Código de Processo Civil]. Se o bem encontrava-se na comunhão e deixou de ser partilhado, na comunhão subsiste e a única solução é a sobrepartilha".

É preciso separar, contudo, as hipóteses em que houve transação entre as partes, como reconhecido pelo Tribunal de Justiça de Minas Gerais, por ocasião da Apelação Cível 1.0518.02.024839-0/001: "(1) Em se tratando de separação consensual em que foram partilhados os bens mediante óbvia transação, a alegação de sonegação de bens só pode ser aceita se cabalmente comprovada. (2) Sendo a partilha consensual uma transação, se alguns bens móveis não foram nela incluídos, presume-se que os transatores optaram por partilhá-los extrajudicialmente".

No corpo do acórdão, o relator, Desembargador Maurício Barros, reiterou que a rejeição da ação de sobrepartilha não se devia à impossibilidade do pedido, amparado que estaria no art. 1.040 e seguintes do Código de Processo Civil, servindo, sim, para enfrentar a sonegação de bens arrolados, inclusive na separação consensual do casal. "A sobrepartilha tem sentido quando um bem que deveria ter sido incluído em uma partilha não o foi, em razão de os interessados ignorarem sua existência, ou por ter sido sonegado por algum deles. (...) No caso em julgamento, alega a autora/apelante que o réu sonegou os bens arrolados na petição inicial desta ação, quando da partilha na separação consensual do casal. Por sua vez, o réu/apelado afirma que a autora tinha conhecimento de todos os bens integrantes do patrimônio do casal, tendo, inclusive, anuído com a permanência dos bens supostamente sonegados no patrimônio do réu. É sabido que em qualquer ação o autor está obrigado a comprovar o fato constitutivo de seu direito, nos termos do art. 333, I, do Código de Processo Civil. Nesse diapasão, no caso dos autos, deve a autora comprovar a alegada sonegação, ou seja, utilizando-se dos meios de prova cabíveis, cabe-lhe provar que houve, realmente, a sonegação dos bens, como alegado na inicial. Analisando o conjunto probatório, principalmente a prova testemunhal, é forçoso reconhecer que não restou provada a alegada sonegação de bens, tendo em vista que as testemunhas afirmam ter conhecimento da existência dos veículos, bem como da sociedade da qual o réu participava como sócio. Portanto, não há que se falar em sonegação, porque, se até as testemunhas sabiam da existência dos referidos bens, não é crível que a autora não soubesse".

Não se trata de precedente único. Diante da Apelação Cível 604.400.4/4-00, a Quarta Câmara de Direito Privado do TJSP negou um pedido de anulação de acordo de separação litigiosa e partilha que fora homologado em juízo, afastando o vício de consentimento por reconhecer "mero arrependimento que não autoriza a anulação de ato jurídico perfeito". Some-se o julgamento da Apelação Cível 232.060.4/5-00, pela Oitava Câmara de Direito Privado da mesma Corte, julgando improcedente o pedido de anulação de partilha consensual, entre outros fundamentos, por considerar que a simples desproporção de valores entre os bens de um e outro não se constituiria em causa eficiente para o desfazimento daquele ato jurídico. No corpo do voto do relator, Desembargador Luiz Ambra, lê-se: "uma coisa é certa. Partilha não se anula por anular, com base em meras alegações, simples conjecturas".

7

Participação societária partilhada

1 Jurisdição familiar *versus* empresarial

Já sabemos, pelo que vimos até aqui, que se partilham as quotas da sociedade e não a empresa em si. A empresa pertence à sociedade; aos sócios pertencem quotas ou ações. E com a partilha dos títulos, conclui-se o trabalho do juízo de família e, mais do que isso, conclui-se mesmo o procedimento de divórcio ou dissolução e partilha. Não adianta a lassitude de querer resolver tudo agora, de uma só vez. *Modus in rebus*! ensinou Horácio, em certo ponto de suas Sátiras. *Modus in rebus, sunt certi denique fines*: as coisas devem ter uma medida, existindo afinal certos limites. O juízo de família e o processo de divórcio ou dissolução de unidade estável findam-se; o procedimento de partilha chega ao fim; há que se passar ao juízo competente para conhecer e resolver a questão que nasce com o recebimento de quotas ou ações pelo comunheiro. E, com esse recebimento, outras questões relevantes virão à baila, como se verá neste capítulo.

Nesse sentido, o Tribunal de Justiça de Minas Gerais, examinando a Apelação Cível 1.0079.05.236149-4/001, entendeu que "a sociedade empresária, compreendida como aquela que tem por objeto o exercício de atividade própria de empresário sujeito a registro, pode ser dissolvida nas hipóteses previstas em lei, mas não partilhada. Na hipótese de a autora e o réu serem os únicos sócios da sociedade empresária, inócua é a determinação de partilha das quotas sociais, sendo caso de as partes requererem oportunamente, em ação própria, a dissolução da sociedade, com a respectiva apuração de haveres".

O precedente foi enunciado numa ação de separação judicial na qual o juiz determinara a partilha da sociedade. Em seu voto, o relator, Desembargador Eduardo Andrade, esclareceu que "se partilha houver é das quotas sociais e não da sociedade. A sociedade empresária, compreendida como aquela que tem por objeto o exercício de atividade própria de empresário sujeito a registro, pode ser dissolvida nas hipóteses previstas em lei, mas não partilhada". A solução, portanto, seria a partilha das quotas, cabendo às partes requererem oportunamente, em ação própria, a dissolução da sociedade empresária, com a consequente apuração dos haveres.

Essa distinção tem um outro viés, reconheceu a Sexta Câmara de Direito Privado do Tribunal de Justiça do Estado de São Paulo: ainda que os ex-cônjuges fossem sócios entre si, numa mesma sociedade, não poderiam sonegar as quotas societárias da partilha judicial do patrimônio do casal. A afirmação consta do julgamento da Apelação Cível 232.926-4/8-00, no qual se confirmou a extinção, sem julgamento do mérito, de ação de prestação de contas que fora ajuizada por ex-esposa contra o ex-marido. A autora narrou que ambos participavam de sociedade limitada, cujas quotas não foram mencionadas quando da partilha que se realizou no juízo da separação judicial, sendo que o réu teria se apoderado indevidamente do estoque de mercadorias remanescentes, sem lhe prestar contas, nem lhe reembolsar do valor que lhe corresponderia. Segundo os desembargadores, não se admite fazer "tábula rasa do regime de bens do casamento, por efeito de sociedade entre os cônjuges, de modo a tornar inoperante ou inexistente o regime de bens quando do término da sociedade".

No caso, os ex-cônjuges eram quotistas de sociedade cujas atividades foram encerradas, de fato, seis meses antes da separação, deixando dívidas que totalizariam 32 mil reais e estoques de mercadorias cujo valor seria 60 mil reais, razão invocada pela autora para o pedido de prestação de contas. Nesse contexto, destacaram os julgadores, "é de se ter como indispensável o encaminhamento da pretensão da autora para o âmbito da sobrepartilha na separação judicial de seu ex-marido e sócio. Pois, tecnicamente, o que se deduz da inicial da autora é uma sustentação de que o réu se apoderou indevidamente do estoque de mercadorias, omitindo, também, a sua existência, quer para o fim de partilhamento ou, mesmo, para ressarcimento de sua meação enquanto sócio da autora". Arremataram: "Nessa acepção, deverá a autora, em procedimento compatível, demonstrando o quanto baste a respeito da existência dos bens por ela reclamados, pleitear o seu direito à meação, em sobrepartilha, já que em relação à sociedade, sobre já estar extinta de fato, não reclama, nem postula, o seu eventual direito às suas quotas sociais".

Como já fizemos aviso na abertura deste capítulo, após a partilha, outras questões se colocam; não mais aspectos que desafiam o direito de família, mas temas próprios ao direito societário. A questão que nos ocupará, aqui, é a pretensão de realização dos títulos partilhados por aqueles que não queiram ser sócios e, em lugar, pretendem bens de outra natureza, nomeadamente dinheiro. Pode não ser algo tão simples dependendo do que se apresente. Vamos por partes.

Titular das quotas ou ações como resultado da partilha, o comunheiro deverá *apresentar-se* à sociedade. Em se tratando de sociedade anônima de capital aberto – vale dizer, com títulos negociados em bolsa – partindo do juízo de família e do ato de partilha, determina-se a transferência das ações para o nome de seu novo titular na bolsa de valores. Nessa hipótese, a realização da participação societária se faz em bolsa, por igual: caberá ao meeiro decidir se conserva os títulos ou se os vende em pregão, utilizando-se de uma corretora de valores mobiliários para tanto.

Em se tratando de companhia fechada, essa transferência se fará pela própria sociedade, mandando o administrador societário que seja anotada no livro de acionistas. O mesmo acontecerá em se tratando de sociedade em comandita por ações. Como já dito reiteradamente, cuida-se de sociedades *intuitu pecuniae*: sociedades com foco no aporte de capital e não na pessoa do titular da participação societária. A alienação desses títulos é possível, em conformidade com a Lei 6.404/1976, embora possa ser medida dificultada pelas circunstâncias, nomeadamente quando não haja liquidez para tanto: nem sempre é fácil encontrar comprador para ações de determinadas sociedades anônimas fechadas. Mais do que isso, o ambiente pode não ser muito favorável para o novo sócio. A Lei 6.404/1976 não oferece solução para tal imbróglio, mas, como se verá adiante, neste mesmo capítulo, a jurisprudência oferece caminho.

Nas sociedades contratuais, coloca-se o desafio da natureza do vínculo societário que, como visto, poderá ser *intuitu personae* (o que é mais comum) ou *intuitu pecuniae* (mais raro e resultante de cláusula disposta no contrato social). Se o ingresso é livre, meeiro ingressará na sociedade com suas quotas. Se não é, sua admissão terá que ser objeto de deliberação. De qualquer sorte, a regra geral é que poderá o ex-cônjuge/sócio, em juízo próprio, ajuizar ação pedindo a dissolução parcial da sociedade e apuração dos haveres relativos à sua participação.

O Código Civil regulamenta em seu art. 1.029 o *direito de recesso* dos sócios, ou seja, direito de se retirarem da sociedade contratual. Esse direito, contudo, é próprio das sociedades contratuais, nos termos que estudaremos agora. As sociedades estatutárias, nomeadamente as sociedades anônimas, têm solução própria, que se estudará na sequência. Ademais, é hipótese aplicável aos casos em que a admissão do ex-cônjuge ou ex-convivente ou herdeiro como sócio foi aceita tanto por ele, quanto pelos demais sócios. Desse *direito de recesso*, decorrerá o direito à liquidação das quotas do sócio retirante. Quando não tenha havido admissão do ex-cônjuge ou ex-convivente ou herdeiro como sócio, não haverá falar em recesso: quem não ingressou não se retira.

Quem não se tornou sócio não exerce a faculdade de recesso. Nesses casos, haverá apenas liquidação da quota, amigável ou judicial; a formulação judicial do pedido de liquidação poderá ser feita por qualquer dos interessados, ou seja, pela sociedade ou pelo terceiro (ex-cônjuge ou ex-convivente ou herdeiro). Para evitar que os herdeiros ou o ex-cônjuge sejam prejudicados em seus direitos, o art. 1.027 do Código Civil lhes outorgou o direito de concorrer à divisão periódica dos lucros, até a liquidação da sociedade, quando receberão o valor pela parte que lhes toca.

Há uma controvérsia, no direito brasileiro, sobre a legitimidade passiva para o pedido judicial de recesso e/ou de liquidação de quotas. O STJ, por sua Quarta Turma, afirmou que "a ação de dissolução parcial deve ser promovida pelo sócio retirante contra a sociedade e os sócios remanescentes, em litisconsórcio necessário". A decisão foi tomada no julgamento do Recurso Especial 105.667/SC, do qual foi relator o Ministro Barros Monteiro, sendo repetição de precedentes como o Recurso Especial 77.122/PR, Recurso Especial 44.132/SP e Recurso Especial 80.481/SP. Sustentam os julgados que "o pagamento dos haveres deverá ser feito com o patrimônio da empresa", sendo que, "uma vez apurados, constituem crédito *do sócio* contra a sociedade".

Em oposição, os arts. 1.028 e seguintes do Código Civil, nomeadamente o artigo 1.029, referem-se apenas aos sócios, resolvendo a questão no plano do contrato de sociedade, do qual a pessoa jurídica é mero objeto. Assim nos parece. O pedido de dissolução parcial tem natureza de denúncia contratual e, assim, acerta-se entre os contratantes; seu deferimento não conduz a uma execução contra a sociedade, mas a um procedimento liquidatório, tomado à luz do art. 1.031 do Código Civil.

De qualquer sorte, há um outro precedente do STJ, o julgamento do Recurso Especial 153.515/RJ, do qual foi relator o Ministro Waldemar Zveiter, no qual se apontou a "desnecessidade, na ação de dissolução parcial de sociedade por quotas de responsabilidade limitada (constituída por quatro sócios), ajuizada por sócio retirante, de citação da sociedade comercial, a título de litisconsorte passivo, juntamente com os sócios remanescentes posto que, se estes foram citados, a empresa estará amplamente defendida e a eventual nulidade invocada, em face do aspecto, não resultará em prejuízo para qualquer dos litigantes (jurisprudência do STJ)".

2 Liquidação de quotas

Para realizar os direitos patrimoniais do titular das quotas sociais, será preciso liquidá-la, ou seja, definir qual o seu valor patrimonial. Essa definição não se faz pelo valor do capital social, nem pelo valor do patrimônio líquido, apurado no último balanço. Justamente por isso, o art. 1.027 do Código Civil prevê que "Os herdeiros do cônjuge de sócio, ou o cônjuge do que se separou judicialmente, não podem exigir desde logo a parte que lhes couber na quota social, mas concorrer à divisão periódica dos lucros, até que se liquide a sociedade". Será preciso liquidar a quota, portanto, sendo que, até que isso se concretize, os herdeiros do cônjuge de sócio, ou o cônjuge do que se separou judicialmente, concorrerão à divisão periódica dos lucros.

De acordo com o art. 1.031 do Código Civil, a liquidação de quotas faz-se, prioritariamente, seguindo os parâmetros que tenham sido previstos no contrato social. Somente quando silente o contrato, aplicar-se-á a regra geral, prevista naquele dispositivo, qual seja, a determinação da "situação patrimonial da sociedade, à data da resolução, verificada em balanço especialmente levantado". A regra baseia-se no fato de serem disponíveis as faculdades sobre as quotas sociais e sobre os direitos patrimoniais que lhes corresponda. No entanto, duas questões se assomam da percepção de que se cuida (1) de uma cláusula contratual sobre (2) direitos disponíveis.

De abertura, não se submetem à cláusula todos aqueles que por seu estado não podem dispor de seus direitos. É o que se passa com os incapazes. Por seu estado, não podem dispor livremente de seus direitos patrimoniais e, justamente por isso, a cláusula que afaste o levantamento de balanço especial não lhes é eficaz, salvo se mais vantajosa, caracterizando ato benéfico dos demais sócios em favor do patrimônio do(s) incapaz(es), o que é raro, mas é possível. Essa maior ou menor vantagem não se apura simplesmente da leitura da cláusula, mas exige que, em cada caso, se afira qual a solução que, efetivamente, cumpra com o princípio da proteção dos incapazes.

Tomando o problema por outro ângulo, não se pode olvidar que o meeiro ou seus herdeiros não firmaram o contrato social que, assim, é-lhes coisa passada entre terceiros (*res inter alios acta*). O sócio, mesmo sendo cônjuge ou convivente (*hetero* ou *homoafetivo*) ou titular de poder parental, pode dispor de seus próprios direitos, não do direito de terceiros. Justamente por isso, a disposição contratual não se lhes pode ser oposta, já que não consentiram com ela. Entender o contrário seria abrir uma via para a prática de atos fraudatórios contra terceiros, designadamente os meeiros e seus herdeiros.

> - Diz o art. 1.031 do Código Civil que, nos casos em que a sociedade se resolver em relação a um sócio, o valor da(s) sua(s) quota(s) será liquidado em conformidade com o que preveja o contrato social.
> - Se o contrato nada estipular, será levantado um *balanço especial* para aferir *a situação patrimonial da sociedade à data da resolução*.
>   → Valor de mercado e não apenas valor contábil. Leva-se em conta o *goodwill of trade* (as vantagens de mercado).
> - Determinado o valor de mercado da atividade negocial, calcula-se a proporção correspondente à participação retirante no capital social, devendo se considerar o montante do que foi efetivamente integralizado.

Para além da questão relativa à disponibilidade dos direitos, outra questão se coloca: a legalidade da cláusula ou, até, a legalidade de sua aplicação, conforme o contexto de fato que se afirme. Não se pode esquecer que, por força das disposições 112, 113, 421 e 422 do Código Civil, a validade e a eficácia (interpretação e aplicação) dos contratos devem atender aos princípios da *socialidade* (função social), *eticidade* (boa-fé) e *moralidade* (probidade). Dessa maneira, a estipulação contratual não é juridicamente intocável, podendo ser objeto de impugnação. De fato, demonstrada a sua ilicitude, abusividade ou iniquidade, a implicar desrespeito flagrante à garantia constitucional do direito à propriedade, o judiciário deverá dar provimento ao pedido para que seja aplicada a regra legal, qual seja, a liquidação da quota ou quotas, no percentual que tiverem sido efetivamente realizadas (integralizadas), tendo por base a situação patrimonial da sociedade, à data da resolução, verificada em balanço especialmente levantado.

Essa regra geral consagra posicionamentos jurisprudenciais reiterados, que nela reconhecem um princípio de equidade e respeito aos interesses de todas as partes envolvidas. Assim, a Terceira Turma do STJ, julgando o Recurso Especial 61.321/SP, afirmou que "deve a apuração dos haveres ser precedida de verificação física e contábil (balanço geral – apuração integral)".

Não discordando, a Quarta Turma afirmou que, na dissolução de sociedade, "a apuração de haveres do sócio retirante deve ter em conta o real valor de sua participação societária, como se de dissolução total se tratasse". A decisão foi tomada na decisão do Recurso Especial 105.667/SC, do qual foi relator o Ministro Barros Monteiro, que confirmou o acórdão estadual, que recusou "a apuração de haveres do sócio dissidente em conformidade com o último balanço", como determinara a sentença; foram apontados outros precedentes de mesmo conteúdo, como o Recurso Especial 38.160/SP, Recurso Especial 35.702/SP e Recurso Especial 89.519/ ES, entre outros. Sustentam os julgados que "essa linha de entendimento tem por escopo preservar o *quantum* devido ao sócio em recesso, que deve ser medido com justiça, evitando-se, de outro modo, o locupletamento indevido da sociedade ou dos sócios remanescentes. (…) É preciso apurar--se o valor real do ativo e passivo da empresa e isso só se fará mediante o balanço especial, com a exata verificação, física e contábil, dos bens e direitos da sociedade".

A Terceira Turma do STJ, diante do Recurso Especial 43.896/SP, definiu: "ainda que a sociedade tenha internamente feito a apuração, tem o sócio interesse de agir para ingressar em juízo com o pleito de apuração judicial de haveres". O Ministro Cláudio Santos foi o relator, lendo-se em seu voto: "considero que ao sócio que da sociedade pretende se retirar assiste legitimidade e interesse para ajuizar ação de apuração de haveres visando obter um pronunciamento judicial acerca do real valor da sua quota sobre o capital social da empresa, sendo, destarte, desnecessário a impugnação extrajudicial dos valores apresentados pela sociedade para configurar o litígio. O ajuizamento da respectiva ação judicial faz presumir o conflito de interesses a justificar a entrega da prestação jurisdicional pleiteada".

Na Quarta Turma, quando se decidiu o Recurso Especial 271.930/SP, o relator, Ministro Sálvio de Figueiredo Teixeira, aclarou: "no que diz respeito ao interesse de agir do autor, a via judicial não pode ser negada ao sócio que pretende apurar os haveres da sociedade para assegurar o recebimento de sua participação social. Não se trata, como afirmaram os recorrentes, de mera alteração contratual, mas de levantamento dos valores patrimoniais devidos a quem pretende retirar-se, mostrando-se útil o ajuizamento da ação ainda que haja concordância do outro sócio a respeito". De outra face, é preciso reiterar que, a nosso juízo, a liquidação das quotas que tenham sido atribuídas ao ex-cônjuge ou ex-convivente não pode ser alcançada pelas regras do contrato social, certo que a participação societária, aqui, não é fruto da adesão ao negócio societário, mas de partilha patrimonial. As limitações são válidas entre os sócios, não em relação aos terceiros, sob pena de alvejar-lhes o direito ao patrimônio.

Definindo-se, ao final da liquidação, o valor de cada quota, deverá esse ser pago, em dinheiro, em noventa dias, a partir do término da liquidação. O pagamento se fará por meio de redução do capital social, salvo se os demais sócios suprirem o valor das quotas.

3 Referências de valoração

Como visto, para que se proceda à liquidação, será feito um balanço especial, para o qual todos os direitos (faculdades, créditos) e os deveres (obrigações, dívidas), que comportem expressão pecuniária, devem ser compensados entre si para determinação do patrimônio líquido naquele preciso instante, valor que servirá de base para o cálculo do valor de cada quota social. Não é um procedimento simples, certo que em muitas oportunidades o valor contábil de um bem pode não corresponder ao seu valor real, incluindo a hipótese de não terem sido contabilizadas as depreciações ou sobrevalorizações de ativos. Como se não bastasse, há bens que estarão escriturados por seu *valor histórico* (valor de aquisição ou de constituição) e não por seu *valor de mercado*, como participações societárias (quotas ou ações), propriedade industrial (marcas, patentes etc.), direitos intelectuais não registráveis, como programas de computador desenvolvidos, entre outros. Por fim, será preciso considerar a eventual existência de vantagens empresariais que não constituam bens jurídicos, mas que constituam elementos que sobrevalorizam a empresa, como logística, capital intelectual, clientela etc.

Esses debates já chegaram ao judiciário. Assim, a Quarta Turma do STJ, decidindo o Recurso Especial 271.930/SP, determinou a apuração do valor real das ações de sociedade anônima que integram o patrimônio da sociedade limitada que estava sendo dissolvida, recusando fossem tomadas pelo seu valor de aquisição. No Recurso Especial 52.094/SP, afirmou-se que, "entre os haveres, inclui-se o denominado fundo de comércio", confirmando o acórdão local que afirmara que "o estabelecimento comercial (ou fundo de comércio) compõe-se de elementos corpóreos e incorpóreos, que o empresário comercial une e põe à disposição do exercício da atividade comercial", sendo indiscutível que todos esses elementos devem ser avaliados na liquidação das quotas.

Outra questão relevante é o tempo. A valoração da empresa ou atividade empresarial para, assim, chegar-se ao valor da quota e, enfim, ao valor devido ao ex-cônjuge ou ex-convivente deve considerar o momento da separação, não sendo razoável permitir que o decurso de tempo seja manipulado com a finalidade de criar uma janela para a prática de atos ilícitos. A possibilidade de esvaziamento desse valor de mercado permite, inclusive, a produção antecipada de prova a fim de aferir de imediato qual montante corresponde ao que o comunheiro faz jus. Nesse sentido concluiu o Tribunal de Justiça do Estado do Rio Grande do Sul (TJRS), em decisão confirmada pelo STJ quando foi julgado o Recurso Especial 1.499.914/SC. No caso, deferiu-se medida cautelar para "viabilizar a produção antecipada de prova concernente à avaliação da empresa", junto a outras providências, como a separação de corpos e o arrolamento das quotas sociais da sociedade empresária, "com a respectiva avaliação de todo o patrimônio atual da empresa, a fim de mensurar o atual valor de cada quota social, possibilitando-se, com isso, a liquidação do valor das cotas a serem pagas em dinheiro à autora". Não deixa de ser relevante observar que a pretensão adversa era de que fosse "determinada, pura e simplesmente, a partilha das quotas sociais, à metade para cada litigante, reservando-se a momento futuro a apuração do seu valor".

Facilmente se percebe do caso citado a equação jurídica a que temos nos referido em nossa análise sobre a valoração adequada da participação societária, considerando a vantagem de mercado (*goodwill of trade*) da empresa: a compreensão de seu aviamento para a formação de um preço justo de transferência. Daí a preocupação da decisão catarinense em foco: "para a avaliação do valor das quotas sociais da empresa, proceda-se o balanço patrimonial da empresa a fim de se constatar o atual valor de cada quota social da empresa. Para tanto, nomeio o Instituto P. R. U., que deverá efetuar a avaliação de todo o patrimônio da empresa, bens, direitos, valores, bem como a renda mensal auferida, a fim de mensurar qual o valor das quotas sociais. A avaliação das cotas também deverá ter por base os atuais contratos de prestação de serviços realizados pela empresa, e os respectivos valores auferidos a ele relativos". A decisão do STJ fortalece o entendimento; o requerido investiu contra os resultados do laudo pericial e teve sua pretensão rechaçada nestes termos: "A impugnação genérica do laudo, outrossim, não se sustenta, eis calcada, fundamentalmente, na inatividade da empresa que, consoante se viu nos autos das ações de divórcio conexas, foi, em verdade, provocada pelo réu, que transferiu o patrimônio da V. para R. L. O., constituída em nome de laranjas. Além disso, a data-base de realização do levantamento pericial foi e só poderia ser a data da separação de corpos do casal, de modo que tudo o que a ela se seguiu – 'para o bem, ou para o mal' – é de responsabilidade exclusiva do varão, sobretudo, quando, repito, a derrocada da empresa não foi ocasional, mas fruto de dolosa manipulação".

4 Sociedades anônimas familiares

A Lei 6.404/1976 não prevê a figura da dissolução parcial de sociedades anônimas, razão pela qual muitos entendem que a medida é incompatível com a natureza e o regime jurídico das companhias. Foi o que decidiu, por exemplo, a Terceira Turma do STJ quando julgou o Recurso Especial 419.174/SP: "É incompatível com a natureza e o regime jurídico das sociedades anônimas o pedido de dissolução parcial, feito por acionistas minoritários, porque reguladas em lei especial que não contempla tal possibilidade". Esse entendimento, contudo, foi superado em relação às sociedades anônimas de capital fechado, quando familiares. É o que decidiu a Segunda Seção do STJ, quando julgou os Embargos de Divergência a esse mesmo Recurso Especial 419.174/SP: "(I) A 2ª Seção, quando do julgamento do EREsp 111.294/PR (Rel. Min. Castro Filho, por maioria, *DJU* de 10.09.2007), adotou o entendimento de que é possível a dissolução de sociedade anônima familiar quando houver quebra da *affectio societatis*. (II) Embargos conhecidos e providos, para julgar procedente a ação de dissolução parcial".

Como dito no precedente anterior, a questão foi pacificada pela Segunda Turma do STJ quando julgou os Embargos de Divergência 111.294/PR: "É inquestionável que as sociedades anônimas são sociedades de capital *(intuitu pecuniae)*, próprio às grandes empresas, em que a pessoa dos sócios não tem papel preponderante. Contudo, a realidade da economia brasileira revela a existência, em sua grande maioria, de sociedades anônimas de médio e pequeno porte, em regra, de capital fechado, que concentram na pessoa de seus sócios um de seus elementos preponderantes, como sói acontecer com as sociedades ditas familiares, cujas ações circulam entre os seus membros, e que são, por isso, constituídas *intuitu personae*. Nelas, o fator dominante em sua formação é a afinidade e identificação pessoal entre os acionistas, marcadas pela confiança mútua. Em tais circunstâncias, muitas vezes, o que se tem, na prática, é uma sociedade limitada travestida de sociedade anônima, sendo, por conseguinte, equivocado querer generalizar as sociedades anônimas em um único grupo, com características rígidas e bem definidas".

Em casos tais, prosseguiram os julgadores, "porquanto reconhecida a existência da *affectio societatis* como fator preponderante na constituição da empresa, não pode tal circunstância ser desconsiderada por ocasião de sua dissolução. Do contrário, e de que é exemplo a hipótese em tela, a ruptura da *affectio societatis* representa verdadeiro impedimento a que a companhia continue a realizar o seu fim, com a obtenção de lucros e distribuição de dividendos, em consonância com o art. 206, II, *b*, da Lei

6.404/1976, já que dificilmente pode prosperar uma sociedade em que a confiança, a harmonia, a fidelidade e o respeito mútuo entre os seus sócios tenham sido rompidos".

Arrematou a ementa do julgado: "A regra da dissolução total, nessas hipóteses, em nada aproveitaria aos valores sociais envolvidos, no que diz respeito à preservação de empregos, arrecadação de tributos e desenvolvimento econômico do país. À luz de tais razões, o rigorismo legislativo deve ceder lugar ao princípio da preservação da empresa, preocupação, inclusive, da nova Lei de Falências – Lei 11.101/2005, que substituiu o Decreto-Lei 7.661/1945, então vigente, devendo-se permitir, pois, a dissolução parcial, com a retirada dos sócios dissidentes, após a apuração de seus haveres em função do valor real do ativo e passivo. A solução é a que melhor concilia o interesse individual dos acionistas retirantes com o princípio da preservação da sociedade e sua utilidade social, para evitar a descontinuidade da empresa, que poderá prosseguir com os sócios remanescentes".

5 Planejamento societário

Uma situação que ganhou relevância neste século foi a utilização de mecanismos e estruturas para um planejamento jurídico do patrimônio pessoal e/ou de casal. Aliás, planejamento jurídico, planejamento patrimonial, planejamento societário são expressões que *entraram na moda*, com a licença para o coloquialismo; muito se fala sobre o tema, bem ou mal, certo ou errado. Aliás, a própria prática de tais planejamentos se revela ampla, vasta, partindo de pequenos ajustes tímidos que, a rigor, estão aquém do que se poderia chamar de arquitetura jurídica para otimização da situação jurídica (da pessoa, do casal, do grupo de pessoas etc.), alcançando a raia do comportamento ilícito que gravita em torno de propostas de blindagem patrimonial e seus meios e métodos que podem ser definidos como heterodoxos, quanto menos.

Planejamento jurídico, contudo, não é meio para fugir ao império da lei e, justo por isso, a expressão *blindagem patrimonial* é infeliz. Aliás, já parte de um status de proposição esdrúxula – ao menos *proposta duvidosa* –, iniciativa voltada para fugir a obrigações civis, trabalhistas, tributárias e que se orienta por atitudes como ocultação da verdadeira titularidade de bens, transferências simuladas quanto ao destinatário, valor, condição jurídica etc. Isso não é planificação jurídica: é programação ilícita, delineamento imoral, elaboração fraudatória. Pior: são advocacias que trabalham contra o sistema, na medida em que enlameiam preparações e organizações lícitas, legítimas, concretizadas a partir do uso regular da melhor tecnologia jurídica.

> Planejamento e estruturação patrimoniais e/ou societários são procedimentos lícitos e probos por meio dos quais se estuda a melhor organização jurídica para bens e atividades negociais, visando à otimização de sua titularidade, gerenciamento e exercício.

O norte da presente explanação nos conduz a tratar do tema pelo viés da fraude à meação. Entretanto, antes de nos dirigirmos para o relato e respectiva análise, cumpre chamar atenção para um aspecto interessante: nos processos consensuais de separação, quando se tenha patrimônio vultoso ou quando o patrimônio da união afetiva esteja vinculado a atividades negociais, pode ser muito proveitoso para os envolvidos recorrer a um especialista para, diante da necessidade de partilha do patrimônio até então comum, proceder-se a um desenho que dê melhor arquitetura jurídica para as meações resultantes.

Assim, para bem longe da proposta de concretizar fraudes, há sim procedimentos de planejamento societário e fiscal que podem ser úteis – e muito! – a empresas e pessoas com patrimônio significativo (o que não é sinônimo de milionários, frise-se). Tais estudos e procedimentos não têm por objetivo fraudar credores, nem mesmo burlar o fisco. Não são atividades em nada criminosas. Constituem-se sobre duas premissas distintas. No plano fiscal, o conhecimento das normas tributárias deixa claro que uma organização adequada das operações de uma empresa ou do patrimônio de uma pessoa pode determinar um recolhimento mais adequado de tributos. Não é sonegação, mas adequação dos fatos às regras e aos benefícios que estão previstos na legislação.

No plano societário, existem formas diversas de estruturar o patrimônio e as atividades negociais. Todo o trabalho passa, em primeiro lugar, pela compreensão da natureza e da finalidade (uso) dos bens que compõem o patrimônio, assim como pela consideração dos tipos de atividades econômicas desempenhadas e dos tributos a que estejam afetas. Partindo desse estudo, pode-se recomendar aos ex-cônjuges que mantenham seus bens e atividades em nome próprio (titularidade e tributação como pessoa física) ou que constituam uma ou mais pessoas jurídicas para tanto, considerando diversidades, sinergias, demandas gerenciais etc.

Feita a observação, na esperança de que seja útil a alguns leitores, volta-se ao desafio próprio deste livro, ainda que com uma perspectiva inusitada. Assiste-se a algumas situações em que cônjuges e meeiros são enganados para aderir a uma estruturação jurídica que, fazem-nos crer, será benéfica para a família, para os filhos, para todos. No entanto, aderem inocentes ao que se trata de uma manobra voltada para lhes subtrair direitos. Não é o desejo de tragédia que os impulsiona, mas a fé no romance: aderem por confiar e, para além, confiam por não perceber que a história de amor já findou na ponta inversa e, em lugar de parceiros, são vistos como adversários, como antagonistas. No ato de adesão à proposta de estruturação, contrastam-se a colaboração (em boa-fé) de um com a contenda (em má-fé, dissimulada) de outro. E a correção dessa arapuca só se faz possível quando o judiciário aceitar ir além da aparência para, no enredo dos fatos, perceber a essência que motivou cada ato.

Nesse contexto, será relevante tomar conhecimento do Agravo em Recurso Especial 297.242/RS, por meio do qual o STJ confirmou decisão proferida pelo TJRS nos seguintes termos: "Da análise detida dos autos aliada às alegações de ambas as partes e documentos juntados, verifica-se que, efetivamente, a empresa A. Participações S.A. foi criada com o propósito de fraudar a meação da demandante, reduzindo sua participação nos bens conjugais a menos de 50%, mais precisamente a 35,405% de todos os bens do casal transferidos à empresa, considerando que metade do capital social da empresa foi doado aos filhos do casal (metade para cada filho). A referida empresa, como se vê dos documentos juntados às fls. 646-659, tem como objeto social, além da participação no capital social de outras sociedades, como quotista ou acionista, apenas a administração dos bens móveis e imóveis próprios que, no caso, foram oriundos de transferência de propriedade dos bens conjugais e particulares de ambos os sócios, o casal aqui litigante, retendo ainda os lucros advindos de tais bens, sem notícia de qualquer repasse aos sócios ou, pelo menos, à apelante A. Participações S.A.".

Diante desse quadro, considerou-se que "escancarada está a fraude à meação, porquanto restou demonstrado que a apelante A. não tinha qualquer ingerência nos negócios da família, dos quais somente o apelado I. era o administrador, nos termos do art. 92 do Estatuto Social da empresa, à fl. 652. Desta forma, confiando estar fazendo o que seu ex-esposo sustentava ser o melhor para a família (o casal e seus dois filhos) é que a apelante consentiu com a constituição de tal empresa nestes termos, inclusive doando metade do patrimônio aos filhos, quando da formação da sociedade empresária. E nem se diga que o fato de haver bens pessoais e particulares do cônjuge varão no patrimônio da empresa justifica a diferença de participação na sociedade, como fundamentado na sentença, pois, com a vênia deste entendimento, ainda que não fosse caracterizada a fraude à meação, a fim de desconsiderar a personalidade jurídica, por certo deveria ter sido determinada a divisão também da participação de cada cônjuge nesta sociedade por metade, ou seja, A. teria direito à metade da participação de I. e I., por consequência, teria metade da participação societária de A".

A decisão do Sodalício Gaúcho tem a virtude – a grande virtude, é bom dizer – de perceber o drama para o qual foi arrastada a meeira que, julgando fazer o melhor para a família, aceitou tomar parte numa operação que iria lhe privar de direitos. Esse é o grande desafio desses feitos: compreender o drama de quem age sem se perceber em meio a um enredo de engodo. Justo por isso, a Corte decidiu que "demonstrada a constituição da referida empresa para lesar a meação de A. e, assim, burlar a necessidade de autorização judicial para alteração de regime de bens, nos termos do § 2º do art. 1.639 do Código Civil, possível se mostra a desconsideração da personalidade jurídica de tal sociedade, nestes autos, já que não envolve terceiros, atingindo-se todos os bens conjugais e os pessoais de cada sócio (no caso os cônjuges), como previsto no art. 50 do Código Civil, sendo restabelecida a meação de cada parte sobre os bens a serem partilhados, ou seja, 50% para cada nubente, conforme o regime escolhido quando do casamento".

Ao que se assiste no precedente é a consideração do enredo que está por trás dos atos. Não dá para desconhecer que o porão está por baixo da sala de visitas e que as feições respeitáveis daqui podem não ser as feições de lá. O direito não deve satisfazer-se com a aparência: deve procurar a essência. Do contrário, será refém dos ardis e das encenações. A partir dos fatos, deve-se perscrutar a intenção que movimenta as pessoas; há que se trabalhar com a finalística dos atos. Só assim se protegem os atores de boa-fé dos atores de má-fé, dos desonestos, dos dissimulados. Sim, o melhor direito se esforça para entender o que realmente foi, em lugar de aceitar o conforto mentiroso do que aparenta ter sido. Há que dar a cada um o que é seu.

8

Fraudes contábeis

1 Manipulação contábil

Já dissemos: a contabilidade tem esse halo mítico todo próprio no qual se fartam e refartam os contabilistas, sacerdotes de uma técnica com ares esotéricos.

– Vamos ver os livros contábeis!

As páginas giram-se e a turba tudo vê, nada entende. Os números repetidos em colunas, os símbolos, as contas, os transportes, estornos e... como é mesmo isso aqui? Não. Não entendo nada, desespera-se o vulgo: nós, os vulgos. Aqueles a quem a biologia ou a educação fez honestos ciosos, olham-na com receio redobrado: há que ser perfeita, correta: um retrato fiel do que se passa, do que se passou. Acabrunham-se a um vago aviso de erro, embaraçam-se na possibilidade ainda remota de uma falha. O tropeço nesse cipoal de regras e detalhes pode lhes atrair a fiscalização, o olhar da autoridade fazendária que reprova, multa. A seriedade da escrituração impõe uma neurose das minúcias e, com ela, o questionamento e as recomendações aos contabilistas.

Mas o mundo não é feito só desses, bem o sabemos: há gente que melhor se ambienta no escuro das grotas, reiterando comportamentos de ruído abafado que buscam a lavra contínua dos ilícitos, pequenos ou

128 Divórcio, Dissolução e Fraude na Partilha de Bens • *Mamede e Mamede*

grandes, conforme a oportunidade. Apraz-lhes a burla. Nesses, o mesmo halo mítico da contabilidade, seu cipoal hermético, provoca uma lassitude do engodo, da fraude: parece tão próprio, tão perfeito, tão adequado: omitir, acrescer indevidamente, alterar, corromper, maquilar. Em meio à vasta manada de atos ordinários, verdadeiros, cotidianos, pode-se bem implantar o embuste, montar a cilada, construir a tramoia que apenas demanda o tempo para se tornar uma parte do normal. Cicatrizar-se e se fazer esquecer da própria origem espúria. Compor o que é porque ninguém mais contesta.

É uma realidade para a qual não se pode fechar os olhos. Há que se checar a contabilidade com atenção e competência técnica. É o elementar. Mais do que isso, pelo ângulo inverso: se há sinais de que pode ter havido fraude à partilha, em havendo pessoa(s) jurídica(s) envolvida(s), a auditoria de sua contabilidade é procedimento inevitável: se a fraude não foi praticada por meio da escrituração contábil, seu rastro estará lá registrado. Afinal, como se estudou antes, o empresário e a sociedade (simples ou empresária) estão obrigados, pelo art. 1.179 do Código Civil, a manter um sistema de contabilidade, que poderá ser mecanizado ou não, tendo por base a escrituração uniforme de livros contábeis, guardando correspondência com a documentação respectiva. O que se fizer com o patrimônio societário ou utilizando-se da pessoa jurídica estará (deverá estar) em sua contabilidade.

A escrituração contábil é um relatório formal, constituído atendendo a forma e requisitos dispostos em lei, trazendo informações sobre a atividade negocial, ou seja, registrando a sua evolução patrimonial, incluindo as relações jurídicas com expressividade econômica que venham a ser constituídas. Essas operações são escrituradas por contabilista legalmente habilitado, em língua portuguesa e em moeda nacional, adotando forma contábil, sendo dispostas em ordem cronológica de dia, mês e ano, sem intervalos em branco, nem entrelinhas, borrões, rasuras, emendas ou transportes para as margens. Havendo erro, será corrigido por meio de lançamento de estorno.

Presume-se que a escrituração contábil seja um retrato fiel da atividade negocial, sendo que a escrituração que atenda aos requisitos extrínsecos e intrínsecos constitui meio de prova dos atos nela inscritos. É quanto basta para que a contabilidade seja um espaço no qual se perpetrem, com habitualidade, fraudes e simulações com o objetivo de fraudar a terceiros, entre os quais pode se incluir o cotitular de patrimônio em comum, como o cônjuge e o convivente.

Essas operações podem ser múltiplas, visando a atingir resultados diversos, como a estratégia ardilosa de seu autor. Há mesmo movimentos toscos, como o simples desvio de dinheiro, desvio de bens, ocultação de operações documentadas, inserção de operações fictícias, manipulação dos resultados (*superávit* ou *déficit*), alteração na condição ou valor dos ativos e dos passivos. Algumas dessas medidas são toscas: o auditor bate os olhos e as percebe sem grande dificuldade. Não é raro, é preciso deixar claro. Um impulso de última hora, mal pensado, ingênuo. Quase infantil. Por vezes, iniciativas mais complexas, mais sofisticadas. Como se estudará neste capítulo, não há uma fórmula única. Pelo contrário, são amplas as artimanhas que podem ser utilizadas para a fraude contábil.

Neste capítulo, procuraremos demonstrar diversas situações de fraude perpetrada por meio da escrituração contábil. Tais ilustrações têm por objetivo não apenas definir possibilidades que podem se apresentar em cada caso. O grande desafio, contudo, é a comprovação da prática desses atos para, assim, permitir uma intervenção judiciária. Julgando a Apelação Cível 599.575.4/2-00, a Quarta Câmara de Direito Privado do Tribunal de Justiça de São Paulo (TJSP) afastou a alegação de fraude pelo fato de sociedade empresarial apenas ter experimentado prejuízos nos últimos exercícios sociais, sofrendo queda progressiva no patrimônio líquido contábil, afirmando a "ausência de elementos concretos que confirmem as alegações da autora, de desvio de bens e de dinheiro por parte do ex-cônjuge/ex-sócio".

O principal instrumento para que se demonstre a prática de fraudes é a determinação de uma minuciosa auditoria contábil, feita por profissional gabaritado, para aferir a sua ocorrência, ou não. Não é sempre, contudo, que o judiciário defere a realização dessa auditoria. De qualquer sorte, havendo o indeferimento da produção de prova, não poderá ser a pretensão rejeitada com base na ausência dessa prova, como já reconheceu a Nona Câmara de Direito Privado do TJSP, julgando a Apelação 452.139-4/0-00: "não se pode impedir a produção da prova e julgar a ação improcedente em virtude da ausência dessa mesma prova".

2 Omissão ou manipulação de transações

Vamos *começar do começo*, ainda que isso implique sermos repetitivos. Mas toda ladainha o é: um reiterar-se, em rame-rame, do que deve ser fixado. Assim, perdoe-nos por ecoar aqui o que foi dito anteriormente: o art. 1.180 do Código Civil exige a manutenção de livro diário que atenda a determinados requisitos, intrínsecos e extrínsecos. Nele são lançadas (escrituradas) todas as operações relativas ao exercício da atividade negocial, atendendo ao seu art. 1.184: com individuação, clareza e caracterização do documento respectivo. Esses lançamentos devem se fazer seguindo rigorosamente uma ordem cronológica, concretizando-se por escrita direta ou reprodução. Cada lançamento deve esclarecer: (1) a data da operação, observando rigorosa sucessão de dia, mês e ano; (2) os títulos das contas de *débito* e de *crédito*; (3) o valor do débito e do crédito; e (4) o histórico, vale dizer, dados fundamentais sobre a operação registrada (número da nota fiscal, cheque, terceiros envolvidos etc.).[1]

A omissão de transações no livro diário é, provavelmente, a fraude contábil mais comum. Alguns se referem a ela como "caixa dois", referindo-se às escriturações informais feitas, fora dos livros autenticados, para registrar o que efetivamente se passou com a atividade negocial, permitindo seu administrador compreender e desempenhar suas funções. Outros, anglicistas, preferem referir-se a transações *off records*, ou seja, operações que não constam dos registros.

Vender e não deixar registrado que vendeu, *grosso modo*. Prestar o serviço e não deixar registrado que o prestou. Omitir a receita, o ingresso de dinheiro no caixa (e o destino do dinheiro a partir de então). A vítima mais comum é a fazenda pública; aliás, as fazendas, entre municipal, estadual ou federal, sempre considerando as hipóteses de incidência tributária. Mas é fraude que se detecta por igual para malferir os interesses de sócios não administradores, bem como de terceiros, como o comunheiro. Seu efeito não se limita ao numerário em si da operação, mas vai além: todos os reflexos daquele(s) negócio(s) omitido(s), como seu reflexo na definição da lucratividade do negócio, de sua produtividade, relação entre investimento/retorno, entre várias outras. Por vias ilegítimas como essa,

---

1 IUDÍCIBUS, Sérgio de (org.). *Contabilidade introdutória*. São Paulo: Atlas, 1998. p. 52.

Cap. 8 • Fraudes contábeis **131**

escampa-se a melhor compreensão da azienda, com impacto direto sobre o seu valor de mercado e, assim, reduzindo o valor de cada participação na apuração de haveres.

A melhor auditoria contábil, destarte, não apenas considera as omissões que consiga verificar e apontar, mas avança para um estudo sobre o impacto das intervenções ilegítimas sobre a azienda em si. Esses reflexos podem revelar contornos diversos, em conformidade com o que se passou em concreto, sendo o exemplo mais simples aquele que destacamos anteriormente: uma distorção de referências, como produtividade ou lucratividade, dentre outros, com impacto direto sobre a percepção do aviamento ou *goodwill of trade*, vale dizer, das vantagens de mercado que a atividade negocial revela – ou revelaria – e que influenciam em sua valoração. Aliás, não apenas omissões, mas inclusões indevidas, medida que por igual pode servir a determinada estratégia: criar despesas inexistentes ou, mesmo, receitas (quando o objetivo da fraude seja inflar a azienda). Pode parecer estranho, mas é preciso não se esquecer disto jamais: medidas incompatíveis podem servir à fraude, pois sua lógica é o paradoxo, a medida inesperada que produz um efeito calculado que foge ao comum, àquilo que seria de se esperar.

Para estar em condições de descobrir uma fraude é preciso ter compreensão flexível da realidade contábil: não é assim ou assado. Pode ser por meios diversos, visando a resultados diversos. A omissão ou manipulação de lançamentos contábeis pode produzir efeitos diversos, conforme a natureza do que se omitiu ou manipulou. Habitualmente, tais fraudes têm por finalidade ocultar resultados positivos, razão pela qual se omitem operações de venda, e manipulam-se compras, superfaturando-as, ou vendas, subfaturando-as. Tais medidas alteram o balanço da empresa, reduzindo seus lucros, aumentando seus prejuízos ou, enfim, fazendo constar como prejuízo o que na verdade foi lucro. Via de consequência, o próprio valor da empresa é reduzido e, dessa maneira, o valor das participações societárias (quotas ou ações). Mas é possível, por igual, que sejam concretizadas com a finalidade oposta: inflar resultados positivos aqui para ocultar desvios acolá ou, ainda, passar por mais valioso o que menos valioso é.

A demonstração da existência de operações não registradas ou com registro manipulado faz-se, habitualmente, por vias diversas. A iniciativa mais correta é o pedido de auditoria nas contas e documentos, conferindo se a escrituração confere com notas fiscais de compra e de venda, contratos celebrados, pedidos retirados etc. De qualquer sorte, trata-se de prova extremamente difícil. Essas demonstrações não atestam a existência de um caixa dois, mas assinalam a probabilidade da existência de fraudes. Assim, a verificação da compatibilidade entre o volume de insumos comprados e o volume de vendas, aferição de talonários de pedidos, aferição de alterações abruptas nas operações, incluindo montante de despesas ou de ingressos, e afins.

3 Apropriação de bens do ativo circulante

A apropriação de ativos não constitui, em sentido estrito, uma fraude contábil. Mas, para ocultá-la, perpetram-se fraudes contábeis. Quando não se busca ocultá-la, o contraste entre a situação verificada na empresa e aquela constante na escrituração contábil será a demonstração da prática de ato ilícito. Os objetos de tais ações ilícitas podem ser múltiplos, certo que o ativo é composto por classes diversas: *ativo circulante* (dinheiro disponível em caixa, os depósitos bancários, as aplicações financeiras de curto prazo, as dívidas e os títulos de crédito de recebimento imediato e os estoques), *ativo realizável a longo prazo* (direitos realizáveis após o término do exercício seguinte, incluindo aplicações financeiras de longo prazo) e *ativo permanente* (propriedade imóvel, maquinário, ferramental, veículos etc.).

Ativo circulante, de acordo com o art. 179, I, da Lei 6.404/1976, são "as disponibilidades, os direitos realizáveis no curso do exercício social subsequente e as aplicações de recursos em despesas do exercício seguinte". Nesse grupo de contas, portanto, são contabilizados o dinheiro disponível em caixa, os depósitos bancários, as aplicações financeiras de curto prazo, as dívidas e os títulos de crédito de recebimento imediato (por exemplo, duplicatas a receber, cheques pós-datados etc.) e os estoques (bens destinados à venda imediata).

A fraude mais simples, provavelmente, diz respeito às *disponibilidades financeiras* (caixa e bancos), muito visada em face de sua liquidez. Para aferi-las, basta conferir a adequação entre os registros contábeis e os valores disponíveis no caixa, saldos bancários, aplicações financeiras, com atenção mesmo para cheques em trânsito e recebimentos não depositados. Havendo operações em moeda estrangeira, deve-se recordar que a sua contabilização se faz pela taxa de câmbio do dia do lançamento, o que pode permitir distorções e fraudes, mormente em períodos de variações cambiais abruptas. Recomenda-se, ademais, conferência dos cheques pagos (valor, data e beneficiário), dos juros pagos ou recebidos. Para que o trabalho seja completo, é preciso correlacionar tais informações com os lançamentos, e respectivos documentos comprobatórios, sobre compras e vendas efetuadas, extratos bancários, contas a receber e contas a pagar.[2]

As fraudes nas *contas a receber* concretizam-se habitualmente pela simples apropriação de títulos de crédito (nomeadamente os *cheques*) destinados ao pagamento de obrigações para com a sociedade e que são depositados na conta do agente fraudador; se é registrado o pagamento como efetuado, a fraude se perceberá no caixa (*disponibilidades financeiras*). O mais comum, contudo, é simplesmente deixar o crédito em aberto para, enfim, diante de sua prescrição, registrá-lo como *perda*. Pode haver fraude, igualmente, em outras transações que também são registradas na rubrica de *contas a receber*, como adiantamentos e empréstimos a trabalhadores e sócios, impostos a recuperar, sinistros a receber e mesmo *contas retificadoras* (provisão para devedores duvidosos, duplicatas descontadas etc.). Para aferir sua prática deve-se proceder à aferição dos títulos a receber (natureza, eventual numeração, valor e data de vencimento), confirmação do que efetivamente não foi pago, exame documental dos contratos documentados e das vendas realizadas, dos livros de emissão de duplicatas. O auditor ainda poderá recorrer ao inquérito do saldo de contas a receber, buscar explicação para *duplicatas incobráveis* ou em atraso, usar registros auxiliares que possam existir (livro-razão analítico de contas a receber, livro diário auxiliar de contas a receber, registro de recebimentos), entre outros. Nas situações em que haja dúvida, deve-se mesmo recorrer aos pedidos de confirmação e, até, a confirmação pessoal junto ao devedor.[3]

---

2   ATTIE, William. *Auditoria*: conceitos e aplicações. 3. ed. São Paulo: Atlas, 2008. p. 254-256; ALMEIDA, Marcelo Cavalcanti. *Auditoria*: um curso moderno e completo. 5. ed. São Paulo: Atlas, 1996. p. 135-136.

3   ATTIE, William. *Auditoria*: conceitos e aplicações. 3. ed. São Paulo: Atlas, 2008. p. 273-274; ALMEIDA, Marcelo Cavalcanti. *Auditoria*: um curso moderno e completo. 5. ed. São Paulo: Atlas, 1996. p. 155.

Pode haver, igualmente, apropriação de *estoques*, sendo recomendável proceder-se à sua contagem física, diferenciando matérias-primas, produtos em processo e produtos acabados, além de definir o que é estoque próprio e o que pertence a terceiros (a exemplo de mercadorias consignadas), examinar notas fiscais de aquisição, contratos de compra e venda, relatórios de produção e vendas, relacionando a baixa de estoque com o volume de vendas.[4]

4   Fraudes com ativos realizáveis a longo prazo e com investimentos

O *ativo realizável a longo prazo* é definido pelo art. 179, II, da Lei 6.404/1976 como "direitos realizáveis após o término do exercício seguinte"; a lei ainda inclui nessa conta os empréstimos (vendas, adiantamentos ou mútuo) a sociedades coligadas ou controladas, diretores, acionistas ou participantes no lucro da companhia, desde que não constituam negócios usuais na exploração do objeto da companhia. A identificação do prazo longo com o exercício é excepcionada pelo parágrafo único do art. 179, quando a atividade empresarial tenha ciclo operacional com duração que supere o exercício; é o que se passaria com uma empresa rural dedicada à agricultura cujo período entre o plantio e a safra supere um ano; diga-se o mesmo das empresas de reflorestamento. Nesses casos, a classificação no circulante ou longo prazo terá por base o prazo desse ciclo.

De outra face, no âmbito do ativo permanente, tem-se a rubrica *investimentos*, destinada às participações permanentes em outras sociedades (ações ou quotas de sociedades empresárias que componham o patrimônio da empresa) e os direitos de qualquer natureza, não classificáveis no ativo circulante, e que não se destinem à manutenção da atividade da empresa, como imóveis que não sejam empregados na atividade empresarial – incluindo os destinados a aluguel –, marcas e patentes que não sejam empregadas nas atividades (apenas titularizadas pelo empresário e a sociedade empresária), títulos da dívida pública etc.

---

4   ATTIE, William. *Auditoria*: conceitos e aplicações. 3. ed. São Paulo: Atlas, 2008. p. 294-295; ALMEIDA, Marcelo Cavalcanti. *Auditoria*: um curso moderno e completo. 5. ed. São Paulo: Atlas, 1996. p. 175.

Essas rubricas contábeis são uma fonte rica para fraudes, concretiza-das por meio de duas estratégias opostas: a sobrevalorização e a subvalo-rização. Em ambos os casos, a manobra alicerça-se sobre a justificativa de escriturar os investimentos por seus valores de mercado, o que abre uma oportunidade para alterar sua expressão contábil. Veja um exemplo: quem comprou ações ordinárias da Petrobras (PETR3), em dezembro de 2005, pagou cerca de 20 reais por título; em abril de 2008, seu preço superou os 60 reais, mas, em abril do ano seguinte, estava em torno dos 40 reais.

A *sobrevalorização de investimentos* tem por resultado melhorar o resultado final do balanço patrimonial da sociedade. É uma estratégia muito usada para esconder resultados negativos. Por exemplo, em 2008, o Conselho Regional de Contabilidade do Rio de Janeiro (CRCRJ) investi-gava denúncias de sobrevalorização de títulos mobiliários na escrituração de uma das agremiações cariocas de futebol: debêntures adquiridas por R$ 233.800,00, entre 2005 e 2006, estariam declaradas, no balanço de 2007, em valor superior a R$ 35 milhões, quando o seu valor de merca-do seria de R$ 268.700,00. Esse movimento, apurava o CRCRJ, poderia estar alicerçado em laudos que teriam utilizado metodologia equivocada.

Nos conflitos afetivos, o uso da *sobrevalorização de investimentos* é verificado principalmente em cenários de descapitalização da sociedade, procurando esconder operações de *apropriação indevida de ativos* ou *su-pressão ou omissão de transações nos registros contábeis*, como exemplo. Nessas e em outras *práticas contábeis indevidas*, a *sobrevalorização de in-vestimentos* funciona impedindo que se perceba uma anormalidade na ati-vidade negocial, já que os seus números finais se mantêm. Um exemplo simples aclarará o conceito: imagine-se que sejam indevidamente retira-dos da empresa bens no valor de R$ 1,5 milhão; o mais comum é recor-rer a bens que não tenham registro público, como maquinário, estoques etc. Esse desfalque seria percebido quando da realização do inventário, reduzindo o valor final do ativo e, provavelmente, criando uma situação de prejuízo ou de lucros bem menores que o habitual. Sobrevalorizando os investimentos, compensam-se, no resultado final, os desfalques em outras rubricas, como no ativo circulante, a incluir depósitos bancários, aplicações de curto prazo e estoques.

Em sentido oposto, a subvalorização de investimentos esconde, na escrituração contábil, disponibilidades que a sociedade efetivamente tem.

Forma-se, assim, uma *reserva oculta de capital*, da qual resulta uma expressão menor do *patrimônio bruto* (ativo) da sociedade. Nesse cenário, parecerá que o *valor patrimonial* da sociedade é menor, o que influencia no valor de suas quotas e ações. Ademais, se o valor do ativo é menor, altera-se o valor do *patrimônio líquido* e, consequentemente, do resultado do exercício, podendo (1) reduzir o montante contábil dos lucros, diminuindo os dividendos a serem pagos aos quotistas; (2) transformar em prejuízo contábil o que, de fato, fora lucro no exercício; ou (3) aumentar o montante do prejuízo verificado no exercício.

Em alguns casos, essa distorção entre o valor de mercado do ativo e o seu valor escritural não constitui uma fraude, mas o resultado de uma determinação legal. De fato, há situações nas quais a legislação determina que determinado bem se mantenha escriturado pelo valor de aquisição ou de constituição. A situação para a qual se deve ter mais atenção é a participação no capital de outra sociedade, isto é, quando a sociedade detém quotas ou ações de outras sociedades. Essa participação no capital de outra sociedade deve ser pelo seu valor que foi investido em sua constituição (o valor das quotas ou ações subscritas e integralizadas) ou, havendo cessão, pelo valor da aquisição dos títulos societários. Por isso, é muito comum que o valor dessa participação societária esteja subestimado na escrituração contábil.

Como se não bastasse, há todo um comércio de títulos de liquidação duvidosa, também chamados de *títulos podres*, que ainda se desenvolve no país e que alimenta operações diversas, entre as quais a maquilagem de balanços contábeis. Os exemplos são múltiplos, como os títulos (debêntures) emitidos, nas décadas de 1960 e 1970, pela Eletrobras S.A., títulos da Petrobras da década de 1950, apólices da dívida pública emitidas no início do século XX, obrigações de guerra, obrigações do reaparelhamento econômico, Obrigações do Tesouro Nacional (OTN, ORTN e BTN), Letras do Tesouro Nacional, emitidas no início da década de 1970, todos prescritos, para além de títulos de companhias falidas (como Mesbla e Mappin), entre outros. Esses títulos são vendidos por preços irrisórios, mas as operações são contabilizadas como se feitas pelo valor de face do título, permitindo o desvio de fortunas.

5   Fraudes com ativo imobilizado

O ativo imobilizado é composto pelos "direitos que tenham por objeto bens corpóreos destinados à manutenção das atividades da companhia ou da empresa ou exercidos com essa finalidade, inclusive os decorrentes de operações que transfiram à companhia os benefícios, riscos e controle desses bens" (art. 179, IV, da Lei 6.404/1976). São contabilizados nessa conta a propriedade imóvel utilizada nas atividades empresariais, maquinário, ferramental, veículos etc.

A grande maioria das operações ilícitas que têm por objeto bens do ativo imobilizado não constituem fraudes contábeis, mas fraudes na administração da sociedade. Justamente por isso, serão estudadas no capítulo 9, na seção sobre o esvaziamento do patrimônio societário. O grande desafio oferecido aos meeiros em litígio é o fato de que os bens do ativo pertencem à sociedade, e sua alienação atende às regras de administração societária, nomeadamente a competência e o poder que foram atribuídos, pelo ato constitutivo ou pela coletividade dos sócios, para a representação da sociedade. Consequentemente, a alienação de bens do ativo pelo administrador societário será válida e eficaz, ainda que se trate de cônjuge ou convivente e que suas quotas ou ações componham um patrimônio de uma unidade afetiva em litígio, sendo passível de partilha.

A alienação de bens do ativo, contudo, não resolve o problema daquele que pretende fraudar a partilha do patrimônio comum, certo que à alienação corresponde a obrigação de retirar o bem da escrituração contábil, o que se faz por meio de baixa. Ademais, por se tratar de alienação, será preciso constar o ingresso (*encaixe*) do valor respectivo e a sua destinação. Justamente por isso, tais operações demandam simulações contábeis concomitantes. Note-se que, pelas regras contábeis, o *valor baixado* é o valor pelo qual o bem estava escriturado, embora haja o registro como encaixe do *preço* recebido; se o *preço* é menor que o valor escriturado, a diferença será registrada como *perda*.

O exemplo mais simples é a venda por determinado valor e o registro contábil por valor muito menor, permitindo apropriação da diferença. Se o valor registrado é menor que o valor que constava do inventário anterior, ter-se-á uma situação de perda. No entanto, é muito comum que o bem esteja escriturado por valor muito inferior ao preço que se obtém com a sua venda no mercado (*valor venal* ou *valor de mercado*). De fato, uma janela para a prática de atos ilícitos é o *princípio do registro pelo valor original* (ou de *custo histórico*). Segundo esse *princípio contábil*, todos os negócios são contabilizados por seus valores efetivos, havidos na oportunidade de realização (princípio da oportunidade), como o preço de aquisição ou custo de produção, e que serão mantidos na avaliação das variações patrimoniais posteriores.

Outra janela contábil para a apropriação indevida de bens do *ativo fixo* é a *baixa* resultante de *perecimento, destruição, deterioração, obsolescência, exaustão* ou *subtração criminosa*. Em todos os casos, tem-se uma retirada de bens do ativo, o que se fará por baixa, que registrará a perda integral do seu valor. Essas operações podem ser facilmente simuladas: doença e morte de animais (impedindo o comércio da carne) que, na verdade, foram vendidos (para abate ou não) ou transferidos, destruição ou obsolescência de máquinas que foram vendidas ou transferidas etc.

Por outro ângulo, é preciso dar atenção a operações registradas que se concretizam aproveitando-se dos registros de *depreciação*. A assimilação da figura da depreciação pela contabilidade tem por finalidade atender ao *princípio da continuidade* (ou princípio da *gestão continuada*), que considera a *empresa em funcionamento*, implicando a consideração de informações contábeis que se transmitem de um período para outro, além do valor econômico dos ativos, valor e vencimento dos passivos, além da classificação e avaliação das mutações patrimoniais, quantitativas e qualitativas. A contabilidade não retrataria a empresa se não refletisse a depreciação dos ativos, situação que levaria ao desrespeito a dois outros princípios contábeis: o *princípio contábil da prevalência da essência sobre a forma* e o *princípio da prudência*. Este último determina redobrado cuidado no lançamento, preservando a contabilidade de surpresas, como no risco de transferir para o futuro as incertezas presentes, quando suscetíveis de gravar o patrimônio e o resultado da empresa.

Nesse sentido, o art. 183, § 2º, da Lei 6.404/1976 permite que seja registrada na contabilidade a diminuição de valor dos elementos do ativo imobilizado na conta de depreciação, sempre que corresponder à perda do valor dos direitos que têm por objeto bens físicos sujeitos a desgastes ou perda de utilidade por uso, ação da natureza ou obsolescência. Para evitar abusos, a legislação fiscal (Regulamento do Imposto de Renda – RIR) lista uma taxa anual máxima para as perdas e, mesmo, para os anos de vida útil que se espera para os bens. A Receita Federal edita normas regulamentares listando, para diversos tipos de bens, a taxa anual máxima de depreciação e os prazos de vida útil.

Note-se que a sociedade empresária não está obrigada a registrar o percentual máximo de depreciação, caso verifique que a desvalorização do bem foi menor. No entanto, é habitual registrar o limite máximo de depreciação, o que, em muitos casos, implica reconhecer que um bem perdeu completamente seu valor quando, na verdade, ainda está em plena condição de uso e mantém um considerável valor de mercado. Administradores mal-intencionados encontram aí uma oportunidade para se apropriarem do bem, com sua retirada da escrituração por obsolescência ou destruição, ou aliená-lo pelo valor de mercado, mas registrar a operação pelo valor contábil, apropriando-se da diferença.

6 Simulação de perdas e despesas

Os temas *perdas* e *despesas* já foram referidos, anteriormente, em algumas oportunidades. Na análise da *apropriação de bens do ativo circulante*, anteriormente feita, já se abordou uma situação comum de simulação de perdas: a apropriação de valores (dinheiro) ou títulos (cheques) destinados ao pagamento de créditos que, assim, figuram como não tendo sido adimplidos, vindo a ser enfim registrados como perdas: créditos que não serão recebidos. Também se viu a fraude perpetrada por meio de lançamento, como investimento (na rubrica de *ativo diferido*) de despesas que contribuirão para a formação do resultado de mais de um exercício social, mas de gastos simples. Por fim, as perdas também podem servir à baixa de bens do ativo fixo, fruto da afirmação de *destruição, deterioração, obsolescência* ou *subtração criminosa*.

Assim como a rubrica de perdas, a rubrica de despesas oferece um grande estímulo para o administrador societário que pretende fraudar a contabilidade da sociedade, na medida em que os valores ali registrados são desencaixados da empresa, ou seja, são retirados do seu caixa. Dessa maneira, ao forjar um lançamento contábil de despesa, o agente pode simplesmente *embolsar* o valor correspondente, lesando a sociedade e, consequentemente, os seus sócios.

Não há limite para a simulação de despesas. A criatividade, nesse ponto, é ampla, como amplo é o rol de despesas que podem ser escrituradas: despesas de produção, vendas e despesas administrativas, incluindo gastos com a fabricação dos bens, tarifas por serviços públicos (água, energia elétrica, telefone etc.), despesas com pessoal, promoção dos produtos, publicidade, comissões de venda, pagamento de bônus aos administradores. Somem-se perdas como mercadorias que se perderam ao longo das operações, pagamentos que não foram efetuados etc.

É preciso atenção para uma série de outros ardis que são desenvolvidos usando indevidamente das rubricas contábeis de despesas. A estratégia mais comum é a simulação de *custos operacionais*, o que se faz tanto pela simulação de gastos que não existiram, quanto pela elevação de custos existentes (superfaturamento de despesas). É o caso de despesas fictícias com manutenção, reparos que não foram feitos, perdas que não se verificaram ao longo do procedimento de produção, armazenamento e distribuição, entre outros momentos.

Não são raras as fraudes com folha de pagamento, incluindo dispêndios com trabalhadores inexistentes (ditos *funcionários fantasmas*) ou supervalorização, nos documentos da empresa, dos pagamentos que foram efetivamente feitos a empregados e prestadores de serviço, trocando os recibos e holerites verdadeiros por versões fraudadas, nas quais se expressa salário maior e/ou pagamentos não realizados por horas extras, adicionais etc.

Uma vez mais, o caminho para a aferição dessas fraudes é a auditoria, fazendo o cruzamento de documentos com os lançamentos contábeis. Tais procedimentos são mais eficazes quando envolvem entrevistas com trabalhadores, prestadores de serviço e fornecedores, entre outros beneficiários de pagamentos, questionando-lhes sobre o valor efetivamente percebido. No entanto, se o beneficiário do pagamento participa da fraude, sua detecção torna-se muito difícil.

9

Fraudes administrativas

1 Administração societária

A existência e o funcionamento de uma pessoa jurídica pressupõem a atuação de um ou mais seres humanos, encarregado(s) de administrar sua atividade e representá-la juridicamente. Trata-se do administrador societário, pessoa(s) natural(is) a quem o contrato ou o estatuto social conferem competência e poder para a condução dos negócios societários. Não podem ser administradores de sociedade aqueles que estão legalmente impedidos de empresariar. Note-se que é possível haver previsão legal ou contratual de que a sociedade terá administração coletiva, hipótese na qual qualquer um dos sócios, em sua condição de coadministrador, representará a sociedade perante os terceiros, salvo disposição diversa no contrato ou estatuto social.

> Todos os atos praticados pelo administrador societário, nos limites dos poderes conferidos pelo contrato social (sociedades por quotas) ou pelo estatuto social (sociedade por ações), vinculam a sociedade.

O ato constitutivo (contrato ou estatuto social) deve disciplinar a forma de administração da sociedade, sendo que o administrador ou administradores poderão ser ali nomeados, da mesma forma que podem sê-lo por meio de instrumento em apartado, devidamente levado ao registro público. Tem-se, assim, a constituição de uma relação jurídica de representação, por meio da qual os atos daquele ou daqueles que foram nomeados como administradores – sempre que estejam contidos nos limites da atribuição de competência e poder que se encontra no contrato social ou no documento apartado levado a registro – vinculam a sociedade e não a si próprios. De fato, como estabelecido pelo art. 1.022 do Código Civil, a sociedade adquire direitos, assume obrigações e procede judicialmente, por meio dos administradores devidamente nomeados e com poderes que bastem para tanto. Assim, nos limites da lei e do contrato ou estatuto social, a atuação física do administrador não vincula o seu patrimônio jurídico, mas o patrimônio da sociedade: não é ele quem pratica o ato jurídico, mas a sociedade.

No exercício de suas funções, o administrador da sociedade deverá ter o cuidado e a diligência que todo o homem ativo e honesto costuma empregar na administração de seus próprios negócios. O contrato estipulará qual é a competência e quais são os poderes atribuídos ao administrador; no seu silêncio, permitem-se-lhe praticar todos os atos pertinentes à gestão da sociedade. Ainda assim, como os atos dos administradores são atos da sociedade, tem-se uma situação privilegiada para a prática de fraudes, prejudicando o interesse do cônjuge ou convivente. Procurando impedir tais ilicitudes, prevê-se que a atividade do administrador societário é regulada, supletivamente, pelas disposições concernentes ao mandato.

São ineficazes em relação à sociedade os atos que o administrador praticar excedendo os poderes que lhe foram conferidos (ato *ultra vires*, ou seja, para além dos poderes conferidos), expressamente constantes do contrato social ou de alteração devidamente levada a registro. Ademais, o administrador ficará pessoalmente obrigado perante a sociedade, bem como terceiros, por tais atos, embora seja lícito à sociedade ratificar posteriormente o ato. De fato, o administrador responde perante a sociedade e os terceiros prejudicados pelos danos resultantes de atos dolosos (ato ilícito consciente) e culposos (ato negligente ou imprudente), praticados no desempenho de suas funções; havendo mais de um administrador, essa responsabilidade é solidária. O dever de exercício da administração com honestidade, cuidado e operosidade assume, por tal ângulo, uma faceta nova, permitindo acionar o administrador que não o respeita.

O administrador é igualmente responsável pela distribuição regular dos lucros, sendo pessoalmente responsável pela distribuição de lucros ilícitos ou fictícios; havendo mais de um administrador, essa responsabilidade será solidária entre eles. Essa responsabilidade é, inicialmente, civil; no entanto, dependendo do contorno assumido pelos fatos, poderá caracterizar-se a responsabilidade penal do administrador. Os sócios somente responderão pela distribuição indevida de lucros se conheciam ou deviam conhecer sua ilegitimidade.

> São ineficazes em relação à sociedade os atos que o administrador praticar excedendo os poderes que lhe foram conferidos pelo contrato social ou estatuto social.

Os administradores estão obrigados a prestar contas justificadas de sua administração, como determina o art. 1.020 do Código Civil. Mas é obrigação que se afirma em relação aos sócios, a quem o administrador deve apresentar, anualmente, o balanço patrimonial e o de resultado econômico. Esse dever admite mesmo o manejo de ação de prestação de contas, que se ajuizará contra o administrador, não contra a sociedade. Não está o administrador societário obrigado a prestar contas ao cônjuge ou companheiro do sócio; ainda que os títulos componham o patrimônio comum, não há comunhão na condição de sócio e, destarte, nas faculdades societárias. Assim, o caminho para aferir a regularidade da administração societária, mesmo que o administrador seja o cônjuge ou convivente, é a via da exibição da escrituração contábil, estudada no capítulo 5 deste livro.

No entanto, se o ex-cônjuge ou ex-convivente, como resultado da partilha do patrimônio comum, assume a titularidade de quotas, terá o direito de fiscalizar a administração e examinar suas contas, livros contábeis e documentos. Tais faculdades não se extinguirão durante a dissolução parcial ou total da sociedade. Nesse sentido, há um precedente da Terceira Turma do STJ, adotado quando do julgamento do Recurso Especial 61.166/SP, tendo sido relator da posição adotada pela maioria o Ministro Carlos Alberto Menezes Direito: "Não se pode afastar o direito de um dos sócios quotistas de determinada sociedade a apurar prejuízos eventuais em decorrência de movimentação financeira do outro sócio, com suspeita de fraude, mesmo que já extinta a sociedade. Flagrante está o interesse na exibição dos documentos próprios da movimentação bancária, necessários ao pedido na ação principal, não havendo falar em violação ao sigilo bancário". Portanto, mesmo após encerrada a liquidação, o titular de quotas terá o direito de questionar o administrador ou administradores sobre a gerência da sociedade, por atos passados, desde que não se tenha operado a prescrição.

As sociedades simples ou empresárias devem ser administradas em proveito da coletividade social (os sócios), não podem expressar o exercício arbitrário dos interesses dos administradores societários. Ainda que tenhamos notícias de vitórias pontuais, aqui e ali, a regra que se observa no comum das relações é o judiciário aceitar que administradores societários exerçam poderes de uso da razão social para atender a benefício próprio, lesando os demais sócios, o que pode ser ainda mais grave quando se tenha uma sociedade conjugal desfeita, vale dizer, quando os sócios sejam ex-marido e ex-esposa.

Curiosamente, é muito comum ver o judiciário afirmar que não pode intervir nessas situações em face de um *princípio da não intervenção na empresa*. Esse princípio existe? Sim. Mas é um princípio que se afirma em relação ao Estado: a empresa é uma corporação submetida ao regime privado e, assim, é preciso conter as pretensões estatais de se intrometer nos seus assuntos internos. No entanto, quando haja situações que envolvam sócios e terceiros interessados, não há falar em aplicação do *princípio da não intervenção na empresa*; afinal, não se trata de hipótese de intervenção, mas de solução de conflitos entre os agentes privados que participam da relação jurídica societária e, assim, têm direito à manifestação judiciária para a solução de conflitos, quando não haja cláusula arbitral válida, em atendimento àquilo que se encontra estipulado no art. 5º, XXXV, da Constituição da República.

Dito de outra maneira, não há falar em intervenção, em sentido estrito, quando os sócios se envolvem em disputas sobre seus direitos/deveres. Não há efetivamente intervenção econômica, mas realização da função estatal de dizer o direito (*ius dicere*), que é inerente a um dos poderes estatais: o Poder Judiciário. Dito de outra maneira, isso simplesmente não é intervenção, mas realização constitucional da garantia de que nenhuma lesão ou ameaça fugirão ao judiciário, se as partes não tiverem elegido forma alternativa válida para a solução do conflito.

Na disputa entre os sócios, o judiciário não intervém na empresa, mas resolve o conflito de interesses entre os sócios, como é sua função constitucional. Não há, portanto, em termos estritos, uma intervenção estatal, ou seja, uma medida de direito econômico. Há um exercício da função de garantir os direitos das partes envolvidas numa relação jurídica, o que o judiciário faz em relação aos casamentos, contratos, títulos de crédito, direitos reais etc. Não é a afirmação de um ato de soberania estatal ou *ato do príncipe*: é a afirmação da função constitucional do Estado-juiz, do Estado-árbitro, do Estado realizador de faculdades e obrigações, ainda que de natureza privada.

Com o conforto de escrever sem representar ex-maridos ou ex--esposas, sem ter causas em favor de controladores ou de minoritários, de administradores ou não administradores, posso afirmar ser função estatal-judiciária resolver os conflitos de direitos e/ou interesses entre sócios, ainda que ex-cônjuges, no que se refere às sociedades, simples ou empresárias, das quais participem. É o poder/dever estatal de dar efetividade às normas jurídicas, sejam públicas (Constituição, leis etc.), sejam normas privadas (cláusulas contratuais), quando estabelecidas nos limites jurídicos válidos: o que a lei não proíbe e o que a lei não permite, simplificando o princípio da legalidade, inscrito no art. 5º, II, da Constituição da República.

Portanto, é fundamental que o judiciário examine esses litígios e afirme se o exercício do poder de voto atente à lei, assim como se o exercício do poder/dever de administrar a sociedade está sendo exercido nos limites legais, o que inclui atenção aos princípios da socialidade (função social do contrato – art. 421 do Código Civil), da moralidade (princípio da probidade ou da honestidade – art. 422 do Código Civil) e da eticidade (princípio da boa-fé – art. 422 do Código Civil).

2 Esvaziamento do patrimônio societário

Um dos princípios mais elementares do direito societário é a distinção entre a pessoa dos sócios e a pessoa da sociedade, que não se confundem. Como corolário dessa regra, também são distintos os patrimônios dos sócios e o patrimônio da sociedade. Dessa maneira, os bens da empresa pertencem à sociedade e não aos sócios. Aos sócios pertencem quotas do capital social e são essas quotas que compõem o patrimônio comum a ser partilhado com a separação do casal. Como os bens da empresa pertencem à sociedade, cabe a esta – e exclusivamente a ela – praticar os atos da vida civil que lhe digam respeito. A prática desses atos é feita pelo administrador ou administradores societários, nos limites da competência e dos poderes que lhes tenham sido conferidos pelo ato constitutivo (contrato ou estatuto social).

A licença para que o administrador societário pratique atos em nome da sociedade, desde que respeite os limites formais dos poderes a si atribuídos, constitui uma via para a prática de fraudes. De fato, são muitas as situações de gestão fraudulenta que se apresentam formalmente como práticas de atos regulares. O mecanismo mais utilizado para tanto é o de esvaziamento do patrimônio societário, estratégia voltada para a apropriação indevida de valores da empresa que são desviados a bem do administrador, beneficiando-se do tempo necessário para o transcurso dos procedimentos judiciários de separação, partilha e, enfim, de dissolução total ou parcial da sociedade. Quando, enfim, o ex-cônjuge ou ex-convivente tem definida a parte que lhe corresponde, encontra-a amesquinhada pelos esforços fraudatórios. Em muitos casos, sobra-lhe parte ínfima ou, quiçá, nada.

Com efeito, o princípio da distinção das personalidades atua, aqui, de forma perversa. A titularidade das quotas não é titularidade direta do patrimônio societário, nem poder de administração e, mesmo, livre disposição dos bens do ativo empresarial. Essa distinção acaba por limitar as estratégias para a defesa do patrimônio comum: sem que nada se faça com as quotas da sociedade, que compõem o patrimônio comum, pode-se esvaziar o patrimônio da sociedade. Assim, de forma indireta, prejudica-se o cônjuge ou convivente. Sobre o tema, já decidiu o Tribunal de Justiça de Minas Gerais, quando examinou o Mandado de Segurança 1.0000.08.480767-6/000(1): "Mandado de Segurança – Arrolamento de bens de sociedade na qual os cônjuges possuem participação societária – Impossibilidade – Ordem de segurança concedida. Não se mostra legítimo o arrolamento e depósito de bens de propriedade de sociedades nas quais os litigantes da ação cautelar de arrolamento figuram como sócios, uma vez que o patrimônio desses não se confunde com o das pessoas jurídicas em que possuem participação".

No feito, o juízo familiar determinara o bloqueio de bens de sociedades empresárias, nos autos da ação cautelar de arrolamento de bens interposta pela esposa contra seu marido, parte de uma demanda por separação judicial. As sociedades impetraram mandado de segurança alegando que o marido seria apenas sócio minoritário das pessoas jurídicas impetrantes e que estas possuem personalidade jurídica totalmente distinta dos sócios que as compõem, não podendo os bens das sociedades ser confundidos com os bens de seus sócios e nem bloqueados em ação da qual sequer participaram. Os julgadores entenderam haver flagrante ofensa ao direito líquido e certo das pessoas jurídicas. "A um porque, conforme prescreve o art. 5º da Constituição Federal, ninguém será privado de seus bens sem o devido processo legal. Ora, não figurando as impetrantes como parte no feito cautelar, ainda que relevantes as argumentações da autora, não haveria como se determinar o bloqueio de bens que compõem o ativo das sociedades. A dois, como se não bastasse o já exposto, há que se considerar que a pessoa e o patrimônio dos sócios são totalmente distintos da sociedade, não podendo se confundir. (...) Assim o arrolamento de bens, medida de cunho cautelar, que consiste na listagem e depósito de bens que se encontrem na propriedade de outrem para fins de conservação, somente poderia ter recaído sobre bens do réu da ação cautelar e não de terceiros, como são as impetrantes, ainda que aquele componha os seus respectivos quadros societários". Completou-se: "Não se pode deslembrar também que o bloqueio de bens da sociedade, em hipóteses como a dos autos, fere também ao princípio da livre-iniciativa consagrado na Constituição Federal de 1988, o que pode vir a prejudicar as suas atividades e até mesmo colocar em risco o seu funcionamento". Registra-se, porém, entendimento em sentido contrário, adotado pela Sétima Câmara Cível do Tribunal de Justiça do Rio Grande do Sul, quando julgou a Apelação Cível 70009494501: "Apelação Cível. Cautelar de arrolamento de bens. Patrimônio pertencente à empresa do companheiro. Comprovado o receio de dilapidação do patrimônio comum, tendo em vista a alienação de automóvel registrado em nome da pessoa jurídica, dias após a separação de fato, e possuindo o varão 99% das quotas sociais, revela-se procedente o arrolamento de bens pertencentes à empresa. A manutenção da medida tem por objetivo salvaguardar futura meação da apelada nos bens conjugais cuja propriedade esteja revestida sob o manto societário, bem como discriminar e conservar os bens da sociedade existentes à época da separação fática, visando à futura liquidação de haveres".

O problema pode ser ainda maior quando, durante a vigência da relação afetiva, as partes optaram por colocar os bens, que compunham o patrimônio comum, em nome de uma sociedade. Isso se faz tanto pela transferência do bem para o patrimônio de uma sociedade, quanto pela aquisição do bem em nome dessa sociedade, mesmo quando adquirido com valores não pertencentes à pessoa jurídica. Como o patrimônio da sociedade é distinto do patrimônio da pessoa de seus sócios, a alienação desses ativos é fácil, bastando que o administrador societário tenha poder para tanto.

> Os efeitos do esvaziamento do patrimônio comum são mais nefastos quando o casal, durante a vigência da relação, optou por colocar os bens particulares em nome da sociedade.

Essa realidade foi objeto das considerações da Décima Câmara de Direito Privado do Tribunal de Justiça de São Paulo, quando examinou o Agravo de Instrumento 628.442-4/0-00. Na demanda, o juiz determinara a averbação do ajuizamento da ação de reconhecimento e dissolução de união estável nos cadastros dos bens móveis objeto do litígio, entre os quais uma Ferrari. No caso, o casal teria transferido seus bens para suas sociedades empresárias "por razões contábeis", tendo sido alegado que o ex-cônjuge varão estaria "se desfazendo dos bens por eles adquiridos e que estavam em nome das pessoas jurídicas". A Corte estadual reformou a decisão agravada, pois, "embora requerida anteriormente, a medida restritiva de averbação da existência da ação no cadastro do veículo foi deferida e cumprida quando este já não pertencia à empresa do réu da ação". Emendaram, contudo, os julgadores, seguindo o voto do Desembargador João Carlos Saletti: "A probabilidade de que venha a ser configurada fraude à execução, todavia, não impedirá a perseguição do bem, considerando a presença dos requisitos do art. 593 do estatuto de rito, especialmente conjugados os fatos da propositura da ação antecedentemente à alienação, a possibilidade de a demanda reduzir o devedor à insolvência e a configuração desta, acaso vencido na causa e assim impossibilitado de satisfazer a obrigação que vier a lhe ser imposta".

3 Operações fictícias

Forma pouco sofisticada de fraudar a administração societária, mas nem por isso de baixa verificação, é simplesmente fraudar negócios, o que se pode fazer por três formas diversas, com o objetivo de dar por ocorrido o que não ocorreu ou alterar a substância do que efetivamente ocorreu. Em outras palavras, com o objetivo de apropriar-se de ativos da sociedade, pode o administrador societário recorrer a operações fictícias, devidamente registradas nos talonários de nota fiscal e nos livros contábeis, mas que efetivamente não ocorreram ou que se verificaram de forma diversa. Com efeito, não são poucos os casos nos quais se encontram operações fictícias, realizadas com o objetivo de substituir operações verdadeiras, permitindo o desvio dos ativos.

Um dos exemplos mais simples é a constituição de títulos de crédito para, buscando alicerce no princípio da autonomia cambiária, conseguir desviar valores da empresa. O judiciário já mostra estar atento para tais fraudes. Assim, o Tribunal de Justiça do Ceará, examinando a Apelação 10284-89.2004.8.06.0000/0, afirmou: "É de ser admitida a investigação da *causa debendi* da natureza jurídica do negócio que originou a dívida se os cheques objeto da execução foram pré-datados e dados em garantia de supostos empréstimos tomados ao credor pelo ex-marido, não estando comprovada a participação ou proveito da embargante, ex-mulher do executado, no negócio jurídico em alusão". Essa posição, aliás, escora-se na licença jurisprudencial dada pelo STJ, que já decidiu que "se o cheque foi dado em garantia, deve ser admitida a investigação da *causa debendi*" (Recurso Especial 659.327/MG).

Um dos exemplos é a ocultação daquele que, tendo efetivamente negociado com a sociedade, cumpriu a sua parte no contrato. Assim, substituindo o efetivo comprador por *outro nome*, o administrador apropria-se do pagamento (*desvia*) e simula um inadimplemento. Também é possível, embora mais raro, substituir o nome do efetivo vendedor para, assim, apropriar-se dos bens adquiridos, simulando o inadimplemento em sua entrega. Essas iniciativas procuram escora no fato de que todos podemos ser vítimas de pessoas (naturais ou jurídicas) que, embora se apresentassem como bons clientes, acabaram por se revelar estelionatários, usando nome ou razão social fictícios.

A verificação de situações deste jaez em sociedades que são objeto de litígio deve ser encarada com redobrada cautela, certo que uma das formas mais conhecidas de fraude são negócios fictícios, em operações para as quais o próprio administrador societário contribuiu, não raro arregimentando pessoas para a simulação (os chamados *testas de ferro*), que se apresentam como empresários, prepostos ou empregados, sem o serem. No entanto, tais posturas deixam rastros, podendo ser demonstradas. O mais simples mecanismo para a sua percepção é o estudo da *evolução quantitativa da atividade negocial*, atentando para eventuais alterações no volume de negócios, valor dos ativos, valor e composição dos gastos (custos), níveis de endividamento, nível de lucratividade.

Obviamente, a análise da *evolução quantitativa da atividade negocial* não prescinde de uma análise qualitativa concomitante, levando em conta tanto a situação da empresa em si (fatores intrínsecos), quanto os cenários econômicos externos (fatores extrínsecos) que podem impactar, positiva ou negativamente, o movimento negocial e seus resultados. De fato, o volume de produção e vendas, os custos e as vantagens das operações, além da atuação financeira (investimentos e endividamentos) da empresa podem decorrer de conjunturas externas óbvias, como crises internacionais, regionais ou locais, notórias alterações mercantis etc. Somem-se a queda da demanda pelos bens e/ou serviços produzidos, o surgimento de concorrentes e/ou de novas tecnologias, entre outros fatores.

Somente o cruzamento das análises quantitativas e qualitativas permite chegar a conclusões mais precisas sobre o que se passou com a atividade negocial e, assim, demonstrar a prática de fraude gerencial. Esse cruzamento implica uma investigação detalhada das medidas gerenciais aplicadas à empresa ou ao grupo empresarial, na busca de operações que em nada coadunam com as atividades desempenhadas pela empresa e que acabaram por resultar em prejuízos relevantes para ela. A gestão fraudulenta também pode envolver a opção pelo encarecimento dos gastos com a atividade negocial, incluindo remuneração de pessoal (nomeadamente diretores), elevação do peso dos custos na operação, aumento no preço dos insumos, redução das margens de lucro.

Infelizmente, a melhor forma de aferir essas distorções é a análise do *estilo de vida* dos envolvidos no fato. Esse mecanismo, aliás, é amplamente utilizado na análise de desvios de conduta e fraudes contábeis envolvendo entidades públicas e privadas. São notórias as denúncias que se fundamentam em *estilos de vida* que são incompatíveis com a remuneração do agente público ou privado, fortalecendo a acusação de prática de ato ilícito.

3.1 Aluguel de CNPJ

A riqueza de uma empresa não está apenas no seu patrimônio, mas também em sua atividade, certo que é nessa atividade que se apuram os lucros. Não nos passa despercebido haver empresas de alto patrimônio e baixa lucratividade; seu patrimônio vale milhões de reais e seus lucros limitam-se a alguns milhares. A chamada *velha economia* registra exemplos eloquentes, entre siderurgias de baixa tecnologia, funilarias etc. No entanto, a *nova economia* persegue empresas de baixo patrimônio (e, assim, baixo investimento), mas com elevados lucros. O grande valor a ser partilhado nessas empresas (e, portanto, nas respectivas sociedades) não é o patrimônio empresário, mas as vantagens empresariais estabelecidas, às quais a doutrina chama de aviamento ou *goodwill of trade* (benefício/vantagem de mercado). Daí a importância, como estudado no capítulo 7, de que a liquidação de quotas se faça por meio do levantamento de um balanço especial (apuração de haveres) que considere os chamados *ativos intangíveis*, ou seja, vantagens empresariais que podem não estar escrituradas, como logística, lucratividade etc.

A percepção de que o valor pode estar não no patrimônio, mas nos negócios, conduziu à prática de constituir empresas-espelho, como se estudará na próxima seção deste capítulo. Outros, contudo, preferem uma operação bem mais simples: o *aluguel de CNPJ*, ou seja, do número no *Cadastro Nacional de Pessoas Jurídicas*. Nesse caso, por meio de um *contrato de gaveta*, ou seja, por meio de um instrumento apartado, que não consta dos registros da sociedade e é mantido oculto pelos contratantes, certos negócios hígidos e altamente lucrativos são realizados por meio de uma terceira sociedade, remunerada não para concretizá-los, mas, apenas, para assumir a sua autoria. Trata-se de uma modalidade específica de realização de operações fictícias. Exemplo: A, sociedade empresária respeitada no setor de recarga de extintores de incêndio, acorda com o cliente C a reforma e recarga de mil extintores. Em lugar de realizar a operação em nome próprio, contudo, acerta que as notas fiscais da operação serão emitidas pela sociedade B. Dessa forma, todo o lucro da operação não virá para a sociedade A, mas será destinado à sociedade B, conforme ajustes prévios.

Duas variantes revelam-se possíveis nessas hipóteses: a mais rara é a simples transferência de toda a operação para a outra sociedade que, assim, assume todas as fases do negócio: firma o contrato em seu nome, realiza os atos necessários para a produção e, enfim, emite os documentos fiscais da operação. Nesse caso, o autor da operação apenas se remunera com uma *comissão* pela cessão do negócio. Contudo, essa remuneração é, sim, parte do patrimônio a ser partilhado, já que sua origem é a empresa; consequentemente, embora seja apropriada pelo cônjuge ou convivente, seu destino deveria ser a sociedade, compondo seu patrimônio e, assim, aumentando o valor das respectivas quotas ou ações, com resultado direto em sua liquidação.

Mais comum, no entanto, é uma operação ainda mais lesiva ao direito de partilha do patrimônio comum: toda a operação produtiva é realizada pela sociedade objeto do litígio, mas a autoria formal – e apenas ela – é assumida pela sociedade cujo CNPJ *se alugou*. Dessa maneira, embora o negócio aparente ter sido realizado por uma sociedade, na realidade foi integralmente realizado por outra. A locadora do CNPJ recebe os valores para o pagamento dos impostos e, ademais, uma comissão. O valor integral da operação é apropriado pelo fraudador, com uma agravante: os custos foram assumidos pela sociedade locatária que, destarte, ainda experimentará as perdas relativas às despesas da realização do negócio.

A cessão do negócio para uma terceira sociedade, com apropriação de comissão, é operação mais difícil de ser comprovada e, assim, de merecer a necessária reação corretiva por parte do judiciário. A simples assunção da operação formal por outrem (pelo locador do CNPJ) também tem prova custosa, mas é sempre possível que a realização da atividade produtiva tenha deixado *rastros* na escrituração contábil ou nos demais registros documentais da empresa, além de haver uma maior proliferação de possíveis testemunhos, já que o pessoal que atuou no negócio poderá narrá-lo: produção e destinação dos bens e/ou serviços. Mas é preciso reconhecer tratar-se, em ambos os casos, de prova de difícil obtenção, razão pela qual o judiciário deverá aceitar indícios para, a partir daí, determinar a realização de investigações mais acuradas, por meio de auditorias contábeis, preservando o interesse das partes.

Por fim, um ponto merece ser destacado: o desvio de operações constitui, sim, desvio de patrimônio e, portanto, fraude à partilha, merecendo reação judiciária. De fato, há muito se sabe que o valor de uma empresa inclui o seu ativo intangível, ou seja, elementos imateriais que lhe dão vantagem mercadológica (*goodwill of trade*). Portanto, os prejuízos advindos do desvio de operações constituem, sim, danos àquele que tem direito à parte do patrimônio empresarial.

4 Empresa-espelho

Fraude administrativa para a qual se deve atentar é a constituição de uma *empresa-espelho*, ou seja, de uma outra sociedade, que pode estar registrada em nome de terceiros, cuja finalidade é receber a atividade negocial desempenhada pela sociedade cujas quotas compõem o patrimônio comum a ser partilhado. Para essa nova empresa são transferidos os melhores contratos e clientes, novas encomendas e pedidos. O ato é, em si, ilícito, na medida em que, como estudado anteriormente, a clientela é um dos elementos que compõem o aviamento empresarial e, dessa maneira, aumentam o valor da empresa. Assiste-se, assim, a uma sucessão oculta, ilícita por ser calçada na má-fé: uma outra azienda sucede às escuras aquela que compõe o patrimônio comum para, assim, esvaziar-lhe o valor.

É muito comum que a *empresa-espelho* seja capitalizada por desvios de caixa da outra sociedade, por meio de negócios fictícios, nos moldes anteriormente estudados. Quando há uma apropriação do dinheiro (papel-moeda) pelo administrador e, depois, seu emprego na outra atividade, o rastreamento se torna muito difícil. Mas tais operações podem deixar rastro quando se utiliza o sistema bancário, em que ficam registrados depósitos, transferências e outras movimentações financeiras. Os rastros também podem resultar quando o desvio se faça por meio da apropriação de títulos de crédito (designadamente cheques) ou sua emissão simulada (duplicatas), fornecendo a possibilidade de se demonstrar, no mínimo por indícios, a prática fraudulenta.

A empresa-espelho pode receber, ademais, outros bens do ativo da sociedade em litígio. Operações simuladas de compra e venda são meio corriqueiro para lhe preencher os estoques de insumos ou mercadorias. Quando não há registros para controle de estoques, bens que tenham sido comprados pela sociedade em litígio, devendo ser pagos por ela, podem ser destinados à empresa-espelho. Mercadorias vendidas para falsos compradores, igualmente, podem ser transferidas para a empresa-espelho, compondo o seu estoque (ativo circulante).

No que diz respeito ao ativo imobilizado, as fraudes são feitas em bens que não possuem registro, ou seja, que não estão individualizados e inscritos em órgãos como cartórios, departamentos de trânsito etc. Instrumental e ferramentaria são simplesmente desviados, sendo necessário um estudo cuidadoso dos registros de inventário de bens para que se possa provar ou demonstrar a existência de indícios de sua ocorrência. No alusivo ao maquinário mais pesado, redobrada cautela deve-se ter com trocas indevidas, ou seja, pela substituição de máquinas novas e em perfeito funcionamento, por maquinário obsoleto e, eventualmente, por sucata visando a, no inventário e no balanço seguinte, registrar a perda patrimonial pretensamente decorrente da deterioração do bem.

O sucesso de uma atividade negocial, em muitos casos, deve-se a determinados trabalhadores que assumem posições-chave no processo de produção e/ou administração. Secretárias, gerentes, mestres de obras etc. podem ter a confiança pessoal do administrador societário e, por isso, ser compreendidos como indispensáveis para qualquer empreendimento que ele venha a concretizar. Dessa maneira, é usual que tais trabalhadores de confiança sejam transferidos para as empresas-espelho, o que constitui, por si só, um ótimo mecanismo para detectar a fraude de constituir uma empresa-espelho, esvaziando dolosamente o valor da empresa que compõe o patrimônio comum. Também pode ajudar a descobrir a fraude a investigação de parceiros habituais, que assumem a mesma condição de companheiros de confiança, entre fornecedores, terceirizatários etc.

Em alguns casos, a operação fraudatória passa, inclusive, pela falência da sociedade cujas quotas compõem o patrimônio comum a ser partilhado. Para tanto, partindo do cenário de crise que foi paulatinamente urdido e que, na verdade, resulta da iniciativa de constituição e consolidação fraudulenta da atividade negocial desenvolvida pela *sociedade-espelho*, o administrador societário deixa de recolher impostos e de fazer o pagamento das contribuições sociais descontadas dos empregados e demais prestadores de serviço. Somam-se inadimplementos para com os fornecedores e, por fim, para trabalhadores que não tenham sido transferidos para a empresa-espelho.

5 Intervenção na empresa

A verificação de fraudes na administração da sociedade determina, indubitavelmente, lesões aos direitos do meeiro (cônjuge ou convivente). Apesar de correta, essa afirmação singela esconde problemas técnicos que não podem deixar de ser destacados. Em primeiro lugar, está a necessidade de distinguir as situações nas quais o meeiro já é sócio da sociedade administrada, daquelas nas quais, pendendo a relação patrimonial da respectiva partilha, ele não o é. A defesa dos direitos é muito mais fácil se o meeiro já consta como quotista ou acionista da sociedade, certo que, nessas situações, socorrem-lhe os direitos e instrumentos postos em lei para a proteção dos sócios, designadamente os minoritários. A defesa dos direitos do meeiro que ainda não é sócio é muito difícil, sendo usual encontrar-se decisões que afirmam, mesmo, que não titularizam direitos sobre a sociedade que, para si, é coisa que se passa entre terceiros (*res inter alios acta*).

Mesmo quando o meeiro é titular de quotas ou ações, a pretensão de que haja uma intervenção judiciária na empresa não é matéria de acolhimento fácil junto ao Judiciário, como atestam diversos precedentes jurisprudenciais. Nessa direção, destaca-se o julgamento da Medida Cautelar 14.561/BA pela Terceira Turma do STJ, com relatoria da Ministra Nancy Andrighi: "As discussões judiciais acerca da administração de sociedades limitadas devem caminhar, via de regra, não para a intervenção judicial na empresa, que só ocorrerá em hipóteses excepcionais, mas para a responsabilização do administrador ímprobo, para a anulação de negócios específicos que prejudiquem a sociedade ou, em última análise, para a retirada do sócio dissidente ou dissolução parcial da empresa. A atuação do Poder Judiciário em causas que versem sobre a administração das sociedades deve pautar-se sempre por um critério de intervenção mínima. A lei permite o afastamento de sócio majoritário da administração da sociedade, mas isso não implica que ele perca os poderes inerentes à sua condição de sócio, entre os quais está o poder de nomear administrador. Todavia, na hipótese em que o sócio separou-se de sua ex-esposa, sem elementos que deem conta da realização de partilha, todo o patrimônio do casal permanece em condomínio *pro indiviso*, de modo que é razoável a interpretação de que a ex-esposa é detentora de direitos sobre metade das quotas detidas pelo marido. Isso, em princípio, retira do sócio afastado a maioria que lhe permitiria a nomeação de novo administrador".

Em seu voto, a Ministra Nancy Andrighi destacou que o Tribunal de Justiça, atendendo a pedido formulado por sócio titular de 30% das quotas sociais, afastou o requerente da administração de hospital em relação ao qual detém 70% das quotas sociais. "Vale dizer, o Tribunal promoveu uma significativa intervenção na administração de uma sociedade, sem ouvir o titular da maioria do capital social, diretamente prejudicado pelo ato judicial. Sempre ressaltando que é perfunctório o exame que se está a promover, é importante manter em mente que o princípio que deve nortear o julgador em todas as ações versem sobre administração de sociedades, é o da intervenção mínima. Quanto à sociedade, decidem seus sócios. O destino do empreendimento a eles pertence. São eles que decidem o montante do capital social, os investimentos a serem feitos na consecução dos fins sociais, o objeto da sociedade e a forma de sua administração. Essa regra vale para quaisquer tipos societários, desde as sociedades não personificadas, até as sociedades por ações."

Partindo dessa base, a Ministra ressaltou que "via de regra a melhor solução à disposição de um sócio minoritário descontente com os rumos da empresa, não é a de buscar judicialmente a destituição do administrador, mas a de optar por formas alternativas de proteção de seu patrimônio investido na sociedade. Assim, é mais efetivo que ele procure controlar cada um dos atos da administração, solicitando prestação de contas, anulação dos atos lesivos à empresa, e até mesmo pleiteando a responsabilização do administrador ímprobo. No limite, a lei lhe faculta exercer seu direito de retirada ou de dissolução parcial da sociedade".

O afastamento do administrador, contudo, não é uma hipótese que se descarte, entenderam os julgadores. "Não obstante a existência de tais alternativas, mais efetivas na maioria dos casos, é forçoso reconhecer que a interferência na administração também é uma opção garantida pela lei, ainda que com restrições. Nas sociedades limitadas subsidiariamente regidas pelas regras das sociedades simples, o afastamento de sócio majoritário da administração social, a pedido do sócio minoritário, encontra previsão na regra do art. 1.019 do Código Civil de 2002, *verbis*: *São irrevogáveis os poderes do sócio investido na administração por cláusula expressa do contrato social, salvo justa causa, reconhecida judicialmente, a pedido de qualquer dos sócios*". Contudo, prossegue o voto, "o principal limite encontrado nessa disposição legal, conforme aponta José Waldecy Lucena (*Das sociedades limitadas*. 5. ed. Rio de Janeiro: Renovar, 2003, p. 483 ss.), diz respeito ao fato de que o Poder Judiciário está autorizado apenas a afastar o administrador, sem poder nomear outro em seu lugar. A nomeação implica exercício do poder inerente à participação no capital social e compete, portanto, exclusivamente aos sócios. Exceções a essa regra são raras e admissíveis apenas em situações extremas, como na falência ou na recuperação judicial, em que o princípio da função social da empresa justifica tal ingerência".

No entanto, voltando-se para o litígio que lhes era submetido, os Ministros entenderam que "a limitação quanto à nomeação do administrador não impede a atuação judicial. Isso porque o contrato social do Hospital S. não previa a administração exclusiva do sócio afastado, mas sua administração conjunta com o sócio minoritário. Assim, bastou ao juízo afastar o administrador a quem se reputou a prática de atos lesivos à sociedade, e manter no encargo o outro sócio, também nomeado pelo contrato social. Naturalmente, é importante que se frise que essa é uma decisão provisória. Afastar um dos sócios da administração da empresa não significa retirar-lhe os poderes inerentes à sua qualidade de sócio. E, como é cediço, entre esses poderes está o de nomear um novo administrador que lhe represente os interesses. Dada a elevada participação do requerente no capital social do Hospital, a nomeação de um novo administrador por ele poderia, inclusive, vir a anular a eficácia prática da decisão judicial a respeito da questão. Todavia, novamente uma peculiaridade deste processo afasta tal risco. Na hipótese dos autos ainda não há – ao menos pelo que se pode depreender da análise dos documentos deste processo – decisão acerca dos reflexos patrimoniais da separação entre o requerente e sua ex-esposa. Portanto, não há elementos que permitam concluir de maneira peremptória que a alegada participação do requerente, de 70% sobre o capital social do Hospital, seja efetiva e imodificável. Até que seja definida a partilha de bens, todo o patrimônio do casal permanece *pro indiviso*, de modo que, ao menos em princípio, é possível considerar que a ex-esposa detenha, no momento, fração ideal correspondente a 50% das quotas sociais atualmente detidas pelo requerente".

No entanto, para além do afastamento do administrador, medida efetivamente drástica, poderá o juiz, no exercício do seu poder geral de cautela, recorrer a outras medidas de segurança para a proteção dos direitos do meeiro. O melhor exemplo é a nomeação de um *observador judicial*, ou seja, de um especialista em administração de empresa ou contabilidade cuja função seja acompanhar a administração societária, aferindo sua regularidade e reportando ao juiz eventuais práticas desconformes. A figura do observador judicial (*veedor judicial*) consta do direito argentino e uruguaio e a sua vantagem é não interferir na administração negocial, mas controlá-la.[1]

---

1   PRETTO, Cristiano. Dissolução de sociedades: proteção do quotista retirante mediante nomeação de observador judicial. *Revista Magister de Direito Empresarial, Concorrencial e do Consumidor*, Porto Alegre: Magister, v. 16, p. 61-76, ago./set. 2007.

10

Fraudes societárias

1 Estrutura e tipos societários

A atividade negocial e os bens a ela vinculados estão fortemente marcados pela natureza jurídica que se lhe atribui. Os mesmos bens e a mesma atividade negocial estão submetidos a regimes absolutamente distintos se estão vinculados a uma associação, a uma sociedade ou a uma fundação. Associações, sociedades e fundações são espécies absolutamente distintas de pessoas jurídicas e, assim, suas atividades e seus bens têm estruturações jurídicas muito diversas.

Mesmo que associações e fundações fujam por completo da finalidade deste estudo, o padrão de tratamento jurídico diverso, conforme a natureza jurídica, mantém-se num plano inferior. Antes de mais nada, há diferenças jurídicas relevantes entre as hipóteses de a atividade negocial ser conduzida pela pessoa natural (autônomo ou empresário) ou por pessoa jurídica (sociedades simples ou empresárias), como se desenvolveu nos capítulos 2 e 3 deste livro. Mas, para além dessas diferenças, outras há, não menos relevantes, no plano dos tipos societários: sociedade simples em sentido estrito, sociedade em nome coletivo, sociedade em comandita simples, sociedade limitada, sociedade anônima, sociedade em comandita por ações e sociedade cooperativa. Como se só não bastasse, mesmo no âmbito de um mesmo tipo societário, diferenças colossais resultam das cláusulas dispostas no ato constitutivo da sociedade (contrato ou no estatuto).

Justamente por isso, alterações de tipo societário (*transformação*) e, mesmo, no contrato ou estatuto social podem ser perpetradas com o intuito de lesar o meeiro. Em muitos casos, essas operações são praticadas sob a justificativa de dar modernização e otimização da atividade empresarial, mas são meros artifícios. Exemplificando, a transformação de uma sociedade limitada em sociedade anônima de capital fechado pode ter por motivador o fato de este tipo de sociedade, como autoriza a Lei 6.404/1976, permitir a transferência das ações, mediante a simples anotação no livro de transferência de ações ordinárias nominativas, o que facilita a rápida, eficaz e legal alienação das ações para terceiros a despeito do cônjuge não sócio. Afinal, como se viu no capítulo 3 deste livro, ao contrário do que se passa com o contrato social, o estatuto não traz o nome dos sócios da empresa, mas apenas registra aqueles que estavam presentes à sua fundação, dispensando alterações quando haja cessão de ações e, com ela, da condição de sócio; essa transferência será feita em livro próprio, escapando ao controle por meio da publicação na junta comercial. Como se não bastasse, a transformação para sociedade anônima produz outros efeitos; assim, quando não se trate de uma sociedade familiar, contando com outros sócios, essa transformação implicará o afastamento da possibilidade de pedir a retirada da sociedade, com liquidação das quotas, figura estranha às sociedades anônimas, como se viu no capítulo 7 deste livro.

> Visando a lesar os direitos do meeiro (cônjuge ou convivente), os sócios, em conluio, podem alterar o tipo societário ou fazer modificações no ato constitutivo (contrato social ou estatuto social) para limitar faculdades ou vantagens da participação societária que receberá. São atos lícitos praticados com finalidade ilícita, o que, demonstrado, poderá caracterizar fraude à lei (art. 166 do Código Civil) ou abuso de direito (art. 186 do Código Civil), conforme o caso.

No plano do contrato social, a simples alteração da regência supletiva de uma sociedade limitada, da sociedade simples para a sociedade anônima, ou vice-versa, tem enormes efeitos práticos. Somem-se alterações na atribuição de competência e poder para o administrador societário, mudanças nos quóruns de aprovação para determinadas matérias, estabelecimento de prazos maiores para o pagamento do valor apurado na liquidação de quotas para os sócios que se retiram etc.

A possibilidade de que tais operações venham a se verificar na sociedade, aproveitando-se, na maioria dos casos, do largo tempo que se consome, no país, com o processamento dos litígios, recomenda um acompanhamento constante dos atos que sejam arquivados junto ao registro da sociedade, na junta comercial (sociedades empresárias e cooperativas) ou no cartório de registro das pessoas jurídicas (sociedade simples). Como se viu no capítulo 3, o arquivamento das alterações é obrigatório, retroagindo seus efeitos para a data de assinatura do ato se a protocolização na junta comercial faz-se nos trinta dias subsequentes.

Quando o meeiro é quotista ou acionista da sociedade, socorrem-lhe as faculdades que o legislador atribui aos sócios para a defesa de seus interesses e direitos. Quando não o é, havendo ainda pendência da realização da partilha, a resistência a tais medidas é muito difícil, por dois grandes fatores: em primeiro lugar, embora o meeiro tenha um direito *mediato* sobre a sociedade, não é efetivamente um quotista ou acionista, não participa efetivamente da coletividade social. Sendo assim, suas pretensões patrimoniais são fatores estranhos à sociedade e seus sócios. Em segundo lugar, seria necessário demonstrar que as alterações têm por objetivo inequívoco lesar, ilegitimamente, o direito do meeiro, prova esta que nem sempre é possível. No entanto, fazendo essa demonstração ou prova, é possível pretender medidas acautelatórias para bloquear as alterações.

2   Alienação de quotas e ações antes da separação

Uma estratégia simples para fraudar a partilha do patrimônio comum, quando o compõem quotas ou ações de uma sociedade, é alienar essas quotas e ações, deixando de transferir para o meeiro a parte que lhe caberia nesse negócio. Aliás, como o pagamento é normalmente feito em dinheiro, a cessão das quotas ou ações dá àquele que deseja fraudar a partilha a oportunidade de, com mais facilidade, esconder os valores apurados com a alienação, depositando-o em nome de terceiros, adquirindo bens ou títulos em nome de terceiros, ou mesmo adquirindo bens que não demandam registro, não sendo facilmente localizáveis, como ouro, máquinas etc.

> Quotas ou ações são direitos pessoais. Sua alienação não demanda outorga ou autorização do cônjuge, não importando o valor da operação. Pode-se transferir milhões em quotas ou ações sem a participação do cônjuge ou convivente.

O fator que torna tal manobra extremamente fácil é a natureza jurídica das quotas e das ações, títulos que caracterizam direitos pessoais cuja alienação não demanda outorga ou autorização pelo cônjuge. Sua transferência exige, exclusivamente, a manifestação da vontade do titular, embora, nas sociedades por quotas, seja ainda necessário a alteração do contrato social, devidamente levada a registro. Em se tratando de sociedade por ações, sequer essa alteração e registro são necessários, bastando que a transferência seja anotada no livro de transferência de ações nominativas. Salvo comprovação de que houve má-fé do adquirente, o negócio será plenamente válido, não podendo se opor a ele o meeiro. Nesse sentido, o Tribunal de Justiça de Minas Gerais (TJMG), examinando a Apelação Cível 2.0000.00.479683-4/000, se pronunciou: "Apelação Cível. Anulatória. Venda de quotas de sociedade limitada. Outorga uxória. Desnecessidade. Simulação. Ausência de prova. Venda anterior a ajuizamento de separação judicial. Presunção de fraude afastada. Estabelece o Código Civil que a outorga uxória é necessária quando envolver alienação de bens imóveis ou doação de bens ou rendimentos comuns. Não há no Código Civil, impedimento legal para a venda das quotas de uma sociedade limitada sem a outorga uxória, já que tais quotas não são bens imóveis. E não ocorreu uma doação de bens comuns. Por ser uma sociedade de pessoas, não é necessária a outorga uxória para a alienação das quotas, já que o contrato social da sociedade prevê expressamente o procedimento para o caso de cessão de quotas. Não há prova, sequer indício, de que houve simulação na venda das quotas da sociedade, com o objetivo de prejudicar a apelante. Só se presume fraude quando a venda de bens é posterior ao ajuizamento de qualquer ação. A venda de bens anterior ao ajuizamento de qualquer ação necessita de prova de que foi feita com intenção de prejudicar alguém".

No corpo do acórdão, o relator, Desembargador Pedro Bernardes, posicionou a demanda: a ex-cônjuge varoa alegou que seu ex-marido há tempos pretendia se separar, com quem era casada em regime de comunhão universal de bens, tendo simulado a venda de quotas de uma sociedade limitada, alienadas sem a autorização da mulher. "É certo que, em regime de comunhão de bens, todo o patrimônio pertence ao casal em conjunto. (...) Assim, a princípio, é incontroverso que a apelante teria direito à metade das quotas do C. de T. de D. R. Ltda. No entanto, esse direito não está em discussão e deverá ser tratado na vara de família, onde as partes estão em processo de separação judicial. Aqui, discute-se a necessidade ou não da outorga uxória para a venda das quotas e eventual simulação dessa venda. (...) A outorga uxória é necessária quando envolver alienação de bens imóveis ou doação de bens ou rendimentos comuns. No caso, trata-se de venda de quotas de sociedade limitada. (...) Não há impedimento legal para a venda das quotas de uma sociedade limitada sem a outorga uxória, já que tais quotas não são bens imóveis. E não ocorreu uma doação de bens comuns".

Nesse contexto, caberia à ex-cônjuge varoa fazer prova de que o negócio foi simulado, o que, destacou o magistrado, é sempre difícil. Mas "cabe à parte que alegar o vício provar a sua existência. (...) Assim, deveria a apelante apresentar pelo menos algum indício de que houve a simulação, já que a prova direta é um tanto quanto difícil de ser produzida. (...) Ademais, só se presume fraude quando a venda de bens é posterior ao ajuizamento de qualquer ação. A venda de bens anterior ao ajuizamento de qualquer ação necessita de prova de que foi feita com intenção de prejudicar alguém, o que não ocorreu no caso".

Há um outro precedente, no mesmo sentido. O TJMG, julgando a Apelação Cível 1.0145.04.155781-3/001, examinou uma ação anulatória de negócio jurídico proposta pela ex-cônjuge varoa, pretendendo a invalidação da cessão onerosa de quotas de sociedade limitada entre os réus (seu marido e o cessionário das quotas por ele transferidas), argumentando ter sido casada sob o regime da comunhão universal de bens e que as quotas da sociedade teriam sido alienadas sem qualquer anuência de sua parte, em nítido ato doloso para prejudicá-la. Ademais, a transferência das referidas quotas sociais ocorreu quando já havia uma ação cautelar inominada em curso, que apontava na diretriz da separação do casal, presumindo-se que houve uma simulação, já que a negociação ocorreu com base no valor nominal delas e não com base no seu valor real, devendo ser anulado o negócio jurídico viciado. O relator, Desembargador Marcelo Rodrigues, ponderou que "a doutrina é pacífica quanto à dicotomia da natureza jurídica das quotas sociais, que possuem aspectos de direito patrimonial, por conferir ao sócio o direito de participação nos lucros sociais, e de direito pessoal, por atribuir ao mesmo a sua própria condição de sócio, com direitos inerentes ao *status* que ostenta". Todavia, "as quotas sociais têm natureza de bem móvel, e como tal não depende de outorga uxória para que sejam eventualmente negociadas com terceiros durante o período do casamento, independentemente do regime de bens que estiver vigorando entre o casal. O legislador ordinário foi claro ao estabelecer que a obrigatoriedade de outorga para a prática de atos por um dos cônjuges ficou adstrita ao campo dos bens imóveis, portanto, mostra-se despicienda a alegação de que não houve anuência da apelante para a transferência das 29.000 (vinte e nove mil) quotas sociais".

Dessa maneira, a discussão deve obrigatoriamente gravitar em torno da ocorrência, ou não, de defeito no negócio jurídico, o que os magistrados não aferiram no caso: a cessão ocorreu antes da efetivação da separação judicial do casal e, "ainda que existisse uma ação cautelar inominada em curso, não se pode atribuir à mesma uma densidade suficiente a produzir o efeito da dissolução da sociedade conjugal. Ora, a Lei 6.515, de 1977, no seu art. 2º, e posteriormente o Código Civil de 2002, em seu art. 1.571, não deixam margens a dúvidas quando estabelecem que a dissolução da sociedade e do vínculo conjugal se dá pela morte de um dos cônjuges; nulidade ou anulação do casamento; separação judicial e pelo divórcio. Ou seja, ainda que a apelante defenda a hipótese de uma separação de fato entre ela e seu marido na época da transferência das referidas quotas societárias, ou mesmo ressalte a existência de uma ação cautelar inominada em curso, que naturalmente acabaria por culminar, como de fato culminou na sua separação judicial, não há como acolher sua tese de invalidação do negócio jurídico realizado, já que sequer existia uma decisão judicial acerca da separação de corpos. Tem-se que, legalmente o vínculo conjugal entre a apelante e seu ex-marido, ora requerido, ainda se mantinha inalterado, produzindo normalmente os efeitos previstos na legislação civil, ressaltando-se que a distribuição da referida cautelar se deu em data de 06.11.00, e transferência das quotas sociais junto à JUCE-MG se deu imediatamente um mês após, em 06.12.00. Portanto, se ainda encontravam-se casados perante o mundo jurídico, e tratando o negócio realizado de cessão onerosa de bens móveis, imperioso reconhecer que era dispensável a outorga uxória para sua validade".

Assim, prosseguiu o julgador, "a pretendida invalidação do ato jurídico praticado somente alcançaria êxito, mediante a inequívoca demonstração de vícios de consentimento a macular a vontade e autonomia dos apelados, o que definitivamente não ocorreu nos autos, cujas alegações se pautam em meras presunções. Ora, ao contrário do que alega a apelante, não há como evidenciar no presente caso, seja o instituto civil do dolo, seja o instituto da simulação, como meios insidiosos a macular o negócio jurídico realizado outrora, entre os apelados". No caso, entendeu a Turma Julgadora que "à luz dos autos, não há como acolher o pleito da apelante, uma vez que ela deveras não conseguiu demonstrar ao juízo que os apelados praticaram uma transação com o intuito único e exclusivo de prejudicar-lhe financeiramente, bem como não há como se extrair das circunstâncias apresentadas quaisquer elementos concretos a ensejar a desejada invalidação dos atos jurídicos praticados, cuja demonstração de vícios de consentimento a macular a vontade e autonomia, se faz inexorável. Frise-se os vícios do consentimento, para macular o negócio jurídico, imprescindem de prova cabal de sua ocorrência, sob pena de improcedência do pedido".

3 Alienação de quotas e ações durante o processo de separação

Ainda quando os cônjuges ou conviventes já estejam em litígio, a alienação de quotas ou ações, pelo meeiro que as titulariza, continua simples, sempre em função do fato de se tratar de um direito pessoal, nos moldes anteriormente vistos. Diante desse quadro, uma solução para impedir a alienação dos títulos é o pedido cautelar de arrolamento das quotas sociais ou ações. O arrolamento de bens é um procedimento acautelatório, de natureza constritiva, que tem por objetivo preservar bens que, sendo objeto da demanda principal, poderiam ser alienados e, assim, esvaziar uma eventual tutela jurisdicional. Se a medida for deferida pelo juízo, é indispensável seja averbada no registro da sociedade, vale dizer, na junta comercial (sociedade empresária ou cooperativa) ou no cartório de registro de pessoas jurídicas (sociedade simples).

Essa alternativa processual foi aceita pela Sétima Câmara Cível do Tribunal de Justiça do Estado do Rio Grande do Sul, quando do julgamento do Agravo de Instrumento 70013266994. A relatora, Desembargadora Maria Berenice Dias, entendeu que o casal já estava separado de fato há mais de um ano, tendo ficado o varão na posse exclusiva e na administração de bens comuns, constituídos de empresas e quotas sociais. "Porém há alegações de ameaças de transferência de bens móveis para terceiro. Assim, não vejo prejuízo nenhum na medida de arrolar os bens. É uma garantia, porque ela é proprietária de bens, ela tem direito à meação e razoável se revela seus temores de fatos difíceis de comprovar".

A principal virtude do julgado é a de aquilatar adequadamente o desafio que se coloca para o judiciário nesses conflitos de direito de família: "Confesso que fico pouco à vontade em negar uma medida singela que é arrolamento de bens, o que não traz prejuízo à empresa, só se arrola, fica garantida, até porque o arrolamento já foi definido em sede liminar. Fica arrolado. Em relações de família essas ameaças são complicadas de serem comprovadas, não há provas. Esse é o diferencial com que se lida no direito de família. Os fatos acontecem entre quatro paredes, a descoberto de testemunhas. Com a separação de corpos, ainda mais quando o patrimônio é constituído de empresas, justifica-se o pedido de arrolar. Não há como negar a quem vem bater às portas do judiciário e alega que está insegura, porque o seu patrimônio está na mão de outrem. Alguém com quem teve um vínculo afetivo que se desfez".

Esse voto foi acompanhado pelo Desembargador Luiz Felipe Brasil Santos, nos seguintes termos: "Em sede de direito de família devem ser ponderadas com outros critérios os pressupostos para a concessão destas cautelares de conteúdo patrimonial justamente em vista da dificuldade de se fazer prova deste eventual risco de antecipação de patrimônio, porque se sabe que muitas vezes estas ameaças, essas situações conflitivas se passam no recôndito dos lares onde a prova material que acontece é praticamente impossível de modo que é comum suceder e com base no que comumente acontece nós podemos sim a meu ver decidir esse tipo de atitude, especialmente por parte de empresários que tratam de acobertar o patrimônio, fazendo transferências que muitas vezes são de dificílimo descobrimento".

Medida mais simples é a expedição de alvará determinando que seja anotada no registro da sociedade a existência do litígio sobre as quotas ou ações, evitando, assim, que terceiros aleguem o desconhecimento da demanda. Contudo, há posicionamentos jurisprudenciais em contrário. Assim, o julgamento do Agravo de Instrumento 0554719-5, em decisão singular, pelo Desembargador José Cichocki Neto, do Tribunal de Justiça do Paraná (TJPR). O recurso fora interposto pela cônjuge virago contra decisão que, em ação de inventário e partilha de bens, definiu os bens a serem partilhados, mas indeferiu a expedição de mandado determinando que constasse, do registro mercantil das sociedades em que o cônjuge varão tinha participação societária, a informação de que 50% das quotas pertenciam à sua ex-esposa. Para o magistrado, "a decisão somente explicitou os bens sujeitos à partilha, consoante a situação processual revelada nos autos. (…) Não se trata, portanto, de decisão que tenha atribuído à recorrente o patrimônio ali descrito, mas de simples definição procedimental para o desencadeamento da partilha dos bens. Embora transpareça correta essa definição, à luz de outro título dominial atribuído à agravante, decorrente do regime de comunhão estabelecido, inegavelmente certo, também, é que a decisão invocada não lhe atribuiu o patrimônio mencionado. (…) É evidente que a recorrente não é socorrida por direito subjetivo à expedição de ofícios ao registro de comércio para os fins almejados, ante a cisão legal existente entre o patrimônio da sociedade e seus sócios". Finalmente, não se deferem medidas inadequadamente denominadas de "acautelatórias" que possam obstar ou dificultar a atividade social de empresas das quais participam, na condição de sócios, simplesmente interessados na partilha de suas quotas sociais.

Em qualquer hipótese, para a eficácia da proteção às quotas ou ações, em relação a terceiros, é indispensável seja a medida averbada no registro da sociedade. Se não há a anotação da medida restritiva, cria-se uma situação interessante. Por um lado, considerando a existência do litígio e o provimento judicial, a alienação caracterizaria um ato ilícito. Por outro lado, o terceiro de boa-fé teria preservado seu direito à conclusão do negócio, certo que a pendência societária não poderia ser oposta ao cessionário, à míngua do registro. Nesse sentido, há um precedente do Tribunal de Justiça do Rio Grande do Sul: o julgamento do Agravo de Instrumento 70027125939, em decisão monocrática proferida pelo Desembargador José S. Trindade. No caso, examinava-se uma situação de "alienação antecipada das quotas sociais da empresa do casal", feita pela virago, que era a sócia, "no transcurso do processo de separação judicial e partilha de bens, que ainda se encontra em trâmite". Nesse quadro, o magistrado confirmou a decisão agravada, determinando apenas fossem os pagamentos efetuados por meio de depósito judicial, destinando metade do valor para o varão. Note-se que, no caso, a virago já recebera, como entrada, um terço do valor da cessão.

Válido o negócio, a única medida que resta ao judiciário é reagir ao ato ilícito praticado pelo ex-cônjuge ou ex-convivente. No entanto, se não há anotação do litígio no registro, ainda resta a alternativa de demonstrar e/ou comprovar a existência de má-fé do terceiro adquirente dos títulos societários, para, assim, obter o reconhecimento judicial da invalidade da transferência. Foi o que se verificou no julgamento do Agravo de Instrumento 587.250-4/7 pela Quarta Turma do Tribunal de Justiça de São Paulo (TJSP). No litígio, instaurado em torno ao desfazimento de uma união familiar estável, o varão seria detentor de 50% do capital de uma sociedade que explorava um posto de combustíveis, constituída no período de convivência, tendo transferido sua participação societária a seu pai. No entanto, a decisão interlocutória confirmada pelo Tribunal apenas determinou a preservação dos dividendos que poderiam pertencer à virago, caso obtivesse êxito na ação postulada. O acórdão ainda noticia que o ex-convivente varão pretendia provar que as quotas estariam fora da partilha por terem sido adquiridas com dinheiro doado pelo pai, conforme provariam as declarações de imposto de renda.

De qualquer sorte, é preciso considerar particularidades de cada caso. No Agravo de Instrumento 490.083-4, oferecido ao TJPR, a cônjuge virago recorreu de decisão interlocutória que indeferira a expedição de ofício à junta comercial, a fim de impedir a alteração, alienação ou qualquer outra medida que modifique o atual estado de uma sociedade empresarial cujas quotas tinham sido arroladas, alegando que, depois de efetivada a transferência de quotas ou a alteração contratual, a sua invalidação só se dá mediante decisão judicial, causando danos ao meeiro. A Corte indeferiu o pedido, pois a cônjuge virago constava como quotista da sociedade limitada e, "salvo disposição contratual, o sócio somente pode ceder suas quotas a terceiros se houver anuência de mais de um quarto do capital social", destacou o Desembargador Augusto Côrtes. "Esta cessão só terá eficácia, nos termos do parágrafo único do art. 1.057 do Código Civil, a partir da averbação da modificação do contrato social, subscrito pelos sócios anuentes, de modo que, se não houver o consentimento de mais de um quarto do capital social, a transferência não terá eficácia. No presente caso, não juntou aos autos o contrato social para que possa ser verificado se há disposição que permita a cessão de quotas a terceiros sem o consentimento do outro sócio, o que não parece haver, pois a agravante limitou-se a alegar que a junta comercial não exige reconhecimento de firma para cessão de quotas".

4 Cisão fraudulenta da sociedade

Na cisão, uma sociedade se divide, se cinde, implicando a separação de corpo social – patrimônio e sócios. O art. 229 da Lei 6.404/1976, referindo-se ao instituto, fala em *transferência de parcelas do patrimônio da sociedade para uma ou mais sociedades, constituídas para esse fim ou já existentes, extinguindo-se a companhia cindida, se houver versão de todo o seu patrimônio, ou dividindo-se o seu capital, se parcial a versão*. A sociedade cindida pode ter qualquer forma societária e as parcelas cindidas podem assumir qualquer tipo societário ou incorporar-se a sociedade que tenha qualquer tipo. Portanto, é perfeitamente lícito haver na cisão uma ou mais transformações societárias concomitantes.

> Por expressa previsão legal, a cisão define detalhadamente como serão distribuídos, entre as sociedades resultantes, os direitos (faculdades jurídicas, a incluir bens, créditos etc.) e as obrigações (nomeadamente, dívidas). É quanto basta para permitir o uso da estratégia lícita (cindir) para criar fraudes: distribuição desequilibrada (desigual) entre direitos/deveres, calculada para lesar terceiros.

De acordo com o art. 229, § 1º, da Lei 6.404/1976, cada parcela do corpo social cindido será diretamente responsável pelos direitos e obrigações que lhe tenham sido destinados no ato da cisão. Essa regra se aplica tanto ao caso de não haver a extinção da sociedade cindida, que conserva a personalidade jurídica originária, embora com apenas uma parte do corpo social e do patrimônio, como também se aplica às sociedades que absorvam parcelas do patrimônio social da cindida, com extinção da sociedade originária. Segundo a mesma norma, essa distribuição deve respeitar a proporção dos patrimônios líquidos transferidos, sendo que, nos direitos e obrigações que não tenham sido expressamente relacionados, conserva-se a regra geral de proporcionalidade entre a titularidade ou responsabilidade em função da proporção do patrimônio líquido transferido.

Acresça-se a disposição inscrita no art. 233 da mesma Lei 6.404/1976, prevendo que, para além dessa distribuição das obrigações entre as parcelas cindidas do corpo social, também haverá uma responsabilidade solidária entre cada subcorpo social resultante, variando apenas em função da permanência, ou não, da sociedade cindida. Dessa maneira, se a sociedade cindida foi extinta, haverá uma responsabilidade solidária ampla entre todas as sociedades resultantes da cisão. Em oposição, se a sociedade cindida subsistir, as sociedades absorventes de parcelas cindidas de seu corpo social somente responderão solidariamente pelas obrigações anteriores à cisão.

O problema maior está no parágrafo único desse mesmo art. 233. O dispositivo estabelece que o ato de cisão parcial pode estipular que as sociedades que absorverem parcelas do patrimônio da companhia cindida serão responsáveis apenas pelas obrigações que lhes forem transferidas, afastando a existência de solidariedade entre si e/ou com a companhia cindida. Segundo a norma, a validade dessa estipulação demanda apenas que haja publicação dos atos da cisão, cabendo aos credores anteriores, no prazo de noventa dias a contar da data da publicação, opor-se à estipulação, em relação ao seu crédito, desde que notifiquem a sociedade.

Essa previsão abre um grande espaço para a prática de fraudes. Sob a justificativa de uma indispensável reestruturação societária, cisões simuladas são concretizadas, atribuindo a uma das partes as obrigações sociais e patrimônio frágil (a *parte podre* da atividade negocial e do respectivo patrimônio), na mesma toada em que uma parte boa é constituída, pretendendo-se blindada às dívidas anteriores à cisão. O caminho para reagir a uma tal operação é pretender a declaração de sua nulidade por se tratar de simulação (art. 167 do Código Civil); a nulidade também pode decorrer do art. 166, III, do Código Civil, ou seja, do fato de ser ilícito o motivo determinante, comum a ambas as partes. Por fim, na forma do inciso VI do mesmo art. 166, a nulidade pode decorrer simplesmente da

Cap. 10 • Fraudes societárias **171**

demonstração da existência de fraude à lei no manejo da licença inscrita no art. 233 e seu parágrafo único da Lei 6.404/1976.

5 Confusão de personalidade e patrimônio

Há notícias de fraudes que oferecem uma dificuldade extra: envolvem terceiros e, mais do que isso, implicariam para a sua apuração feito diverso em juízo diverso. À luz crua dos fatos, essas são as diretrizes que nos conduzem a uma viagem de horrores, de angústia e forte sensação de impotência, lendo a realidade com uma sinceridade que, reconhecemos, não calha bem em boa doutrina. Uma fome desmoderada de efetividade, uma concretude extremada constitui franqueza catastrófica para uma cultura jurídica que nem sempre se revela confortável com seus hiatos, ou melhor, suas deficiências estruturais cuja resolução não encontra solução fácil, mas demandaria que o sistema tivesse fases inteiras redefinidas.

Estamos nos referindo em especial às fraudes que são praticadas a partir do conluio com um terceiro, que pode ser uma pessoa natural (ao qual o português coloquial denomina *laranja*) ou, com interesse específico para este momento de nossa investigação, uma pessoa jurídica da qual o cônjuge ou convivente (1) aparenta não participar; ou (2) aparenta deter pequena participação societária. Em ambos os casos, situações que podem estar acobertadas por documentos apartados, coloquialmente chamados de *contratos de gaveta*, usados como garantia para o fraudador: executando-os, retoma a titularidade de quotas ou ações, assume participação na corporação e, com isso, retoma o controle indireto (por meio de interposta pessoa) de bens e direitos.

Antes de mais nada, a situação oferece a dificuldade específica de se tratar de um terceiro e, portanto, alguém que está fora da situação que envolve cônjuges ou conviventes em processo de separação e partilha. E, em se tratando de pessoa jurídica, para além da corporação em si (que tem sua personalidade jurídica), as pessoas de seus membros e sócios. E, sim, a discussão passa a ganhar contornos que fogem ao que é próprio do juízo de família. Há situações em que os indícios são tão fortes que tudo se resolve com alguma facilidade. Julgando o Agravo de Instrumento 2230324-33.2015.8.26.0000, o TJSP se deparou com uma situação dessa natureza: "a empresa tinha sucesso no ramo de atividade. Nenhuma justificativa foi apresentada para a agravada ter se desfeito do negócio. Ainda incomum é a constituição da sociedade L. F. B. Ltda., que leva o nome da família agravada (B.), cujos sócios são terceiros sem esse sobrenome e a empresa atua exatamente no mesmo ramo de atividade, no mesmo local da antiga (...). E mais: o marido da agravada tem plenos poderes de administração, conforme procuração (...)". O desafio é que nem sempre ficam impressões digitais tão nítidas; nem sempre é tão simples. Em muitos casos, é preciso partir de meros indícios para produzir uma investigação que os juízos de direito de família nem sempre estão habilitados a fazer, o que premia a falcatrua.

Como se não bastasse, afirmar que a discussão e investigação não são próprias do juízo familiar e da ação de divórcio ou dissolução, bem como o procedimento de partilha, implica enfrentar um deserto processual onde dúvidas se sucedem como dunas que o vento toca de cá para lá e de lá para adiante: o ex-cônjuge ou ex-convivente tem ação contra o terceiro? Há legitimidade ativa e legitimidade passiva claras ou o mais provável – e essa é a resposta, bem o sabemos – é reconhecer que o ex-cônjuge ou ex-convivente será considerado carecedor da pretensão salvo, uma vez mais, tenha uma prova robusta da atuação do terceiro? Sem ela, a cultura judiciária vigente afirma o indeferimento de esforços probatórios como perícias, auditorias, apresentação coercitiva de documentos, quebras de sigilo bancário etc.

Há julgados que excepcionam a regra e demonstram sensibilidade para o desafio que aqui se examina, cabendo exemplificar: "Mandado de Segurança. Despacho que determina a quebra de sigilo bancário. Ato judicial recorrível. Descabimento do uso do *writ*. Súmula 267/STF. Ilegalidade, abusividade ou teratologia. Inexistência. I – O mandado de segurança não se presta a desconstituir decisão judicial de que caiba recurso próprio (Súmula 267/STF), no caso, reclamação, na forma do art. 184, I, do Regimento Interno do Tribunal de Justiça do Distrito Federal e dos Territórios. II – O sigilo bancário é direito individual não absoluto, podendo ser quebrado, em casos excepcionais. Na hipótese, o despacho que determinou a medida encontra-se suficientemente fundamentado, porquanto demonstrou sua necessidade, com vistas a final partilha dos bens, em procedimento de inventário. Recurso a que se nega provimento" (STJ, 3ª T., RMS 21.210/DF, Rel. Min. Castro Filho, j. 17.08.2006, *DJ* 11.09.2006, p. 242).

"Direito civil e processual. Terceiro prejudicado. Sociedade. Livros e papéis. Perícia. Possibilidade. 1 – A jurisprudência admite, excepcionalmente, a perícia em livros e papéis da escrituração de uma empresa (terceiro prejudicado) no interesse do requerente, ainda que civil e específico, quando necessária para o correto deslinde da controvérsia em que se vê inserida. 2 – Na espécie mais se acentua essa premissa, tendo em conta o fato de que os réus (participantes do quadro social da empresa) na ação anulatória movida pela ex-mulher de um dos sócios da impetrante, por suspeita de infringência à sua meação, são, além deste último, todos seus irmãos, pertencentes, portanto, a uma mesma família e, até o término definitivo da sociedade conjugal, parentes por afinidade da autora da anulatória, vale dizer, seus cunhados e cunhadas e, ainda, pelo menos em tese, coproprietários das quotas da sociedade, dado que o regime de bens do casamento é o da comunhão universal, o que afasta o argumento de quebra de sigilo da escrituração. 3 – Recurso ordinário não provido" (STJ, 4ª T., RMS 19.541/SP, Rel. Min. Fernando Gonçalves, j. 11.10.2005, *DJ* 07.11.2005, p. 286).

Outro exemplo é o julgamento, pelo TJMG, do Agravo de Instrumento 1.0024.10.279440-1/003, no qual se decidiu: "Agravo de Instrumento – Quebra de sigilo bancário de terceiro – Excepcionalidade – Necessidade comprovada – Indícios de fraude à meação da agravante – Busca pela verdade real – Informações restritas às partes e ao juízo – Intimidade preservada. O direito ao sigilo bancário não é absoluto, encontrando limitações, por exemplo, em prol do interesse público, no qual se insere o interesse na apuração da verdade real dos fatos que são trazidos à prestação jurisdicional. A quebra do sigilo reveste-se de legalidade na proporção em que permite ao julgador aferir eventual sonegação de valores, o que, indubitavelmente, só poderia ser conseguido através do Poder Judiciário. Havendo indícios de fraude, o sigilo bancário não pode ser invocado como escudo para a perpetração de atos ilícitos, motivo pelo qual deve ser afastado no presente caso, dando ensejo à busca pela verdade real e pela justiça material. Recurso provido".

No caso, a meeira alegou que "o agravado está desviando o patrimônio do casal como meio de fraudar a partilha de bens. Aduz que o recorrido tem transferido vultosas quantias para contas em nome de sua genitora, a Sra. L. N. R., como comprovam os extratos bancários acostados aos autos. Pelo narrado, defende a quebra do sigilo da mãe do agravado, pois somente dessa forma será possível rastrear o dinheiro que faz parte de sua meação, impedindo a fraude perpetrada pelo marido. Argumenta que a quebra de sigilo requerida é o único meio que possui para provar suas alegações. Narra que é totalmente inverossímil a versão apresentada pelo agravado de que a quantia de R$ 3.000.000,00 (três milhões de reais) foi-lhe entregue pela empresa C. para que ele atuasse como consultor financeiro". Note-se que houve preliminar de impossibilidade jurídica do pedido, recebendo a seguinte resposta: "*Data maxima venia*, vislumbro o interesse da recorrente na quebra do sigilo bancário da Sra. L. N. R., pois somente dessa forma será possível rastrear o dinheiro que supostamente integraria meação da agravante. A decretação da quebra de sigilo permitirá a verificação de movimentações posteriores, transferências, investimentos ou saques, garantindo que o juízo e as partes tomem conhecimento da rota dos valores movimentados".

No que diz respeito ao mérito da questão, o acórdão reconhece que "a quebra de sigilo bancário é matéria controvertida e que merece análise detalhada, por contrastar o direito fundamental à intimidade com a busca pela verdade real no processo, demandando a ponderação de interesses e princípios para o alcance da solução que menos sacrifique o direito que será relativizado ou relegado". No entanto, completa, "a questão ora discutida desafia a aplicação do princípio da proporcionalidade, devendo-se aferir a adequação da medida solicitada, sua necessidade e a relação de custo-benefício da ordem solicitada e dos benefícios que dela podem advir (Teoria de Alexy). Decerto que o direito à intimidade se situa no rol dos direitos fundamentais, possuindo, inclusive, previsão constitucional, de forma que tal diligência só se impõe se atendidos certos requisitos". Contudo, afirma, "há de se salientar que esse direito não é absoluto, encontrando limitações, por exemplo, em prol do interesse público, no qual se insere o interesse na apuração da verdade real dos fatos que são trazidos à prestação jurisdicional".

Os julgadores não se furtaram ao dever de equilibrar os direitos opostos: "Não obstante a excepcionalidade da expedição de ofícios a instituições bancárias solicitando informações acerca de movimentação de ativos financeiros, justifica-se a medida em face da real necessidade de tais documentos para a pacificação dos litígios. Dessa forma, na espécie, o que se deve indagar é do preenchimento deste último requisito para fins de se avaliar a legalidade da decretação da ordem. Nas circunstâncias dos autos, fato é que se tornou imprescindível a medida deferida para o deslinde da questão, não restando alternativa para verificar a possibilidade de ocultação/dilapidação de bens pelo varão após a separação em desfavor da agravante. A quebra do sigilo reveste-se de legalidade na proporção em que permite ao julgador aferir eventual sonegação de valores, o que, indubitavelmente, só poderia ser conseguido através do Poder Judiciário".

Obviamente, o fator determinante foram as provas juntadas pela ex-cônjuge e que apontavam na direção da ocorrência de uma fraude. Não se deferiu a medida no vazio, mas diante de elementos que tornavam verossimilhantes as alegações de que haveria um engodo. Segue o acórdão: "Havendo indícios de fraude, o sigilo bancário não pode ser invocado como escudo para a perpetração de atos ilícitos, motivo pelo qual deve ser afastado no presente caso, dando ensejo à busca pela verdade real e pela justiça material". E houve preocupação com os direitos da terceira: "Ademais, não se observa, aqui, prejuízo à genitora do agravado, pois as informações prestadas apenas servirão para elucidação dos fatos, que é o objetivo de ambas as partes. Note-se, ainda, que os dados colacionados aos autos terão sua publicidade restrita aos sujeitos processuais, pelo que a decisão agravada não ofenderá a intimidade da mãe do varão. Diante dessas considerações, tenho que estavam presentes a urgência e excepcionalidade necessários para o deferimento da quebra do sigilo bancário da Sra. L. N. R., posto que o objetivo primordial não é averiguar informações quanto à privacidade de terceiros, mas verificar o direito da própria agravada na condição de titular de metade do patrimônio adquirido enquanto permaneceu casada".

Embora já tenhamos evoluído para aceitar a figura do *inquérito civil*, seu uso é, até aqui, restrito e não se apresenta como alternativa para *os particulares*, vale dizer, *o cidadão*, ainda que demonstre probabilidade, verossimilhança ou virtude assemelhada. Elementos que justificam medidas investigativas penais não se consideram fatores suficientes para medidas investigativas civis em relações que não sejam difusas ou coletivas. O Estado-juiz, refletindo e aplicando as opções do Estado-legislador, não se interessa pela sindicância de ilícitos civis particulares, para além da figura da perícia – quando um *expert* é nomeado para investigar e dizer sobre os fatos, entre as versões das partes. Na maioria das situações procedimentais instrutórias cíveis, o Estado aceita a apresentação de provas de que as partes disponham, mas não defere meios para que sejam buscadas. Ao contrário do ilícito penal, o Estado não lança mãos de mecanismos para, a partir de indícios, apurar malfeitos privados. Não evoluímos para tal estágio.

A solução, portanto, é reunir o maior número possível de elementos que fortaleçam a demonstração da tese de fraude para, assim, forçar o reconhecimento do engodo, como no exemplo anterior, ou ao menos permitir uma inversão do ônus probatório que, no entanto, é bissexta em situações como as que estamos narrando. Elementos comprobatórios mais robustos podem calçar a tese de ação contra terceiro, mesmo uma pessoa jurídica, e permitir, em tal ambiente processual, o recurso à perícia contábil, bancária, documental, pois, como visto, é meio instrutório que supera a mera apresentação do que já se tem. E, nos sítios em que estamos, o mais comum é que ex-cônjuges e ex-conviventes tenham pouco, terminando como vítimas de um sistema que não se preparou para situações tais como as narradas.

6   *Offshore companies*

Em sentido próprio, a expressão *offshore company*, ou simplesmente *offshore*, traduz uma sociedade que seja constituída no exterior. O mercado, contudo, utiliza a expressão para referir-se especificamente às sociedades que são constituídas em determinados locais no exterior, com regime fiscal benéfico (ditos *paraísos fiscais*), com o objetivo de controlar ou participar das atividades negociais no país. Para além dos aspectos fiscais de tais operações, impertinentes a este estudo, esses ambientes com regime fiscal mais benéfico são utilizados para fraudes societárias, certo que garantem liberdade para o trânsito de capitais, facilitando o recebimento e a remessa de divisas, incluindo o câmbio entre moedas, além de mecanismos de proteção à identidade de investidores, incluindo titulares de contas bancárias, quotas em fundos de investimento e, até, sócios e administradores de sociedades negociais.

Essas vantagens são, por si sós, grandes atrativos para a prática de fraudes, fiscais ou extrafiscais, incluindo a lesão aos direitos dos cotitulares de patrimônios em comum, seja pela remessa de valores monetários para o exterior, passando a constar de contas bancárias cujo rastreamento é dificílimo, seja pela participação e o controle societário indireto. Neste

Cap. 10 • Fraudes societárias **177**

último caso, a titularidade das quotas e ações de uma sociedade nacional é atribuída a uma *offshore company* situada em local que garante o sigilo sobre quem são seus sócios ou administradores.

A alienação das quotas ou ações de sociedades brasileiras para uma *offshore company* não constitui, em si, um ato ilícito. Também não há ilicitude alguma no fato de a legislação do país em que está registrada a sociedade controladora (*holding*) garantir o sigilo sobre os sócios dessa pessoa jurídica. A fraude está justamente no uso dessas circunstâncias para impedir a constatação de que o meeiro é titular de quotas ou ações de companhias.

Essa fraude, contudo, é bem frágil tão logo seja concretizada, estando recentes as relações jurídicas e as transferências. Também será frágil quando o meeiro ainda se mantenha à frente das empresas, havendo como demonstrar que adota atos que permitem concluir ser ele o titular do controle societário. A grande dificuldade está em operações consolidadas. Registram-se casos nos quais primeiro se constituiu a *offshore company* para, em seguida, passar à aquisição de participações societárias em empresas nas quais o meeiro não se apresenta como sócio ou administrador, usando administradores profissionais para conduzi-las. Sem condições de provar e/ou demonstrar a simulação, sequer por indícios, torna-se extremamente difícil reagir contra o ardil.

Bibliografia

ACADEMIA BRASILEIRA DE LETRAS JURÍDICAS. *Dicionário jurídico*. 4. ed. Rio de Janeiro: Forense Universitária, 1997.

ALMEIDA, Marcelo Cavalcanti. *Auditoria*: um curso moderno e completo. 5. ed. São Paulo: Atlas, 1996.

ANDRADE, Mário de. *Amar, verbo intransitivo*: idílio. 11.ed. Belo Horizonte: Itatiaia, 1984.

ATTIE, William. *Auditoria*: conceitos e aplicações. 3. ed. São Paulo: Atlas, 2008.

BARBI, Otávio Vieira. *Composição de interesses no aumento de capital das sociedades limitadas*. Rio de Janeiro: Forense, 2007.

DUARTE, Ronnie Press. *Teoria da empresa à luz do novo Código Civil brasileiro*. São Paulo: Método, 2004.

FARIA, Ernesto. *Dicionário escolar latino-português*. Rio de Janeiro: FAE, 1988.

FERREIRA, Aurélio Buarque de Holanda. *Novo dicionário da língua portuguesa*. 2. ed. Rio de Janeiro: Nova Fronteira, 1997.

FUNDAÇÃO INSTITUTO DE PESQUISAS CONTÁBEIS, ATUARIAIS E FINANCEIRAS (FIPECAFI). *Manual de contabilidade das sociedades por ações*: aplicável às demais sociedades. 7. ed. São Paulo: Atlas, 2007.

GALVÃO, Ramiz. *Vocabulário etimológico, ortográfico e prosódico das palavras portuguesas derivadas da língua grega*. Rio de Janeiro; Belo Horizonte: Garnier, 1994.

IUDÍCIBUS, Sérgio de (org.). *Contabilidade introdutória*. São Paulo: Atlas, 1998.

IUDÍCIBUS, Sérgio de; MARION, José Carlos. *Dicionário de termos de contabilidade*: breves definições, conceitos e palavras-chave de contabilidade e áreas correlatas. São Paulo: Atlas, 2001.

MAMEDE, Gladston. *A advocacia e a Ordem dos Advogados do Brasil*. 3. ed. São Paulo: Atlas, 2008.

MAMEDE, Gladston. *Código Civil comentado*: penhor, hipoteca e anticrese: artigos 1.419 a 1.510. Coord. Álvaro Villaça Azevedo. São Paulo: Atlas, 2003. v. 14.

MAMEDE, Gladston. *Direito empresarial brasileiro*: direito societário (sociedades simples e empresárias). 3. ed. São Paulo: Atlas, 2009. v. 2.

MAMEDE, Gladston. *Direito empresarial brasileiro*: títulos de crédito. 5. ed. São Paulo: Atlas, 2009. v. 3.

MAMEDE, Gladston. *Direito empresarial brasileiro*: falência e recuperação de empresas. 3. ed. São Paulo: Atlas, 2009. v. 4.

MAMEDE, Gladston. *Manual de direito empresarial*. 4. ed. São Paulo: Atlas, 2009.

MAMEDE, Gladston. *Semiologia do direito*: tópicos para um debate referenciado pela animalidade e pela cultura. 2. ed. Porto Alegre: Síntese, 2000.

MAMEDE, Gladston; MAMEDE, Eduarda Cotta. *Holding familiar e suas vantagens*: planejamento jurídico e econômico do patrimônio e da sucessão familiar. São Paulo: Atlas, 2011.

MARCONDES, Sylvio. *Questões de direito mercantil*. São Paulo: Saraiva, 1977.

MARION, José Carlos. *Contabilidade básica*. 6. ed. São Paulo: Atlas, 1998.

MARION, José Carlos. *Contabilidade empresarial*. 10. ed. São Paulo: Atlas, 2003.

PRETTO, Cristiano. Dissolução de sociedades: proteção do quotista retirante mediante nomeação de observador judicial. *Revista Magister de Direito Empresarial, Concorrencial e do Consumidor*, Porto Alegre: Magister, v. 16, p. 61-76, ago./set. 2007.

REQUIÃO, Rubens. *Curso de direito comercial*. 15. ed. São Paulo: Saraiva, 1985.

SÁ, A. Lopes de. *Princípios fundamentais de contabilidade*. 3. ed. São Paulo: Atlas, 2000.

SÁ, A. Lopes de. *Teoria da contabilidade*. 3. ed. São Paulo: Atlas, 2002.

SÁ, A. Lopes de; SÁ, Ana M. Lopes de. *Dicionário de contabilidade*. 9. ed. São Paulo: Atlas, 1995.

SARAIVA, F. R. dos Santos. *Dicionário latino-português*. 11. ed. Rio de Janeiro: Garnier, 2000.

SCHMIDT, Paulo; SANTOS, José Luiz dos. *Avaliação de ativos intangíveis*. São Paulo: Atlas, 2002.

SCHMIDT, Paulo; SANTOS, José Luiz dos. *Contabilidade societária*. São Paulo: Atlas, 2002.

SILVA, De Plácido e. *Vocabulário jurídico*. 10. ed. Rio de Janeiro: Forense, 1987.

TZIRULNIK, Luiz. *Empresas & empresários* – no novo Código Civil – Lei 10.406, de 10.01.2002. São Paulo: Revista dos Tribunais, 2003.

VENOSA, Sílvio de Salvo. *Direito civil*. 9. ed. São Paulo: Atlas, 2009.